新时代中外合作办学
模式探索研究

宋　葳　郑占国　著

哈尔滨出版社
HARBIN PUBLISHING HOUSE

图书在版编目（CIP）数据

新时代中外合作办学模式探索研究／宋葳，郑占国
著. -- 哈尔滨：哈尔滨出版社，2025. 1. -- ISBN 978-
7-5484-8173-7

Ⅰ. G649.2

中国国家版本馆 CIP 数据核字第 2024BG2791 号

书　　名：**新时代中外合作办学模式探索研究**
XINSHIDAI ZHONGWAI HEZUO BANXUE MOSHI TANSUO YANJIU
- -
作　　者：宋　葳　郑占国　著
责任编辑：赵　芳
- -
出版发行：哈尔滨出版社（Harbin Publishing House）
社　　址：哈尔滨市香坊区泰山路 82-9 号　邮编：150090
经　　销：全国新华书店
印　　刷：北京鑫益晖印刷有限公司
网　　址：www. hrbcbs. com
E - mail：hrbcbs@ yeah. net
编辑版权热线：（0451）87900271　87900272
销售热线：（0451）87900202　87900203
- -
开　　本：880mm×1230mm　1/32　印张：4.75　字数：114 千字
版　　次：2025 年 1 月第 1 版
印　　次：2025 年 1 月第 1 次印刷
书　　号：ISBN 978-7-5484-8173-7
定　　价：58.00 元
- -
凡购本社图书发现印装错误，请与本社印制部联系调换。
服务热线：（0451）87900279

前　言

随着全球化的不断深入和我国教育改革的持续推进,中外合作办学作为一种新型的教育模式,逐渐成为我国高等教育国际化的重要途径。新时代的中外合作办学,旨在引进国外优质教育资源,提高国内教育水平,培养具有国际视野和竞争力的高素质人才。这一模式的探索与实践,对于推动我国高等教育的创新与发展,具有深远的现实意义和历史使命。中外合作办学起源于20世纪90年代,经过几十年的发展,已经从最初的简单合作发展到如今的深度融合。在新时代背景下,中外合作办学被赋予了新的内涵和使命。它不仅仅是教育资源的简单交换,更是文化交流与思想碰撞的重要平台。通过合作办学,可以更直接地接触并学习到国外的教育理念、教学方法和管理模式,从而为国内教育改革提供有益的参考和借鉴。

同时,中外合作办学也是我国高等教育改革与创新的重要推动力。通过与国外高校的合作,可以借鉴先进的办学理念和教育模式,推动国内高校的教学改革和课程创新。这种改革与创新不仅有助于提高教育质量,还能增强我国高等教育的国际影响力和竞争力。然而,中外合作办学也面临着诸多挑战和问题。如何确保合作办学的质量?如何平衡国内外教育资源的差异?如何保障学生的权益?这些都是在探索中外合作办学模式时需要深入思考和解决的问题。

　　本书共分为五个章节,第一章阐述了中外合作办学的理论基础,包括跨国教育理论、高等教育国际化理论和中外合作办学理论框架。第二章介绍了中外合作办学的主要模式、类型和特点。第三章聚焦于中外合作办学的教学与管理,涉及教学体系以及教学管理的创新。第四章讲述了中外合作办学师资队伍建设的重要性,包括师资队伍的构成、建设策略及其国际化发展。第五章则分析了中外合作办学对高等教育国际化的推动作用,通过案例分析展望了其未来影响。全书内容丰富,为读者提供了全面而深入的中外合作办学知识体系,既有理论指导,又有实践案例,对于理解和推动中外合作办学具有重要参考价值。

目　　录

第一章　中外合作办学的理论基础

第一节　跨国教育理论

一、跨国教育的定义与背景

（一）定义

在跨国教育的模式下，学生不再局限于本国的学习资源和环境，他们有机会走出国门，去体验不同的文化、教育和生活方式。留学成为了一个热门的选择，人们留学不仅仅是为了获取一个更高的学历或专业知识，更为了获得一个人生历练和成长的过程。在异国他乡，学生们需要独立面对生活中的各种挑战，学会与不同文化背景的人交流和合作。这样的经历，无疑会开阔他们的全球视野和增强跨文化交流能力，为未来的职业生涯打下坚实的基础。除了学生，教师也是跨国教育中的重要参与者。在跨国教育的推动下，教师们有了更多的机会进行国际交流和互访。同时，他们也可以将自己的教育经验和理念带到其他国家，与当地的教师进行分享和交流，促进教育的创新和进步。当然，跨国教育不仅仅局限于人和人的流动，它还包括了课程和教育资源的国际流动。随着科技的发展，尤其是互联网技术的飞速进步，在线课程和远程教育成为跨国教育的重要组成部分。通过网络平台，学生们可以随时随地接触到世界顶级大学的优质课程,与全球的教师和学生进行实时的交流和互动。这样的教育模式,打破了时间和空间的限制,让学习变得更加灵活和高效。跨国教育的出现和发展,是全球化时代的必然产物。它不仅仅是一种教育模式,更是一种文化交流和融合的过程。在这个过程中,不同国家相互借鉴、相互学习,共同推动全球教育的进步和发展。同时,跨国教育也为个人提供了更多的学习和发展机会,让每一个人都有机会接触到更广阔的世界和更丰富的知识。

(二)背景

在全球化的浪潮下,世界正逐渐变成一个联系紧密的"地球村"。伴随着这一进程,知识、技术和人才的流动也变得越来越频繁。这种流动不仅加强了各国之间的经济联系,还促进了文化的交融与社会的进步。为了适应这一全球化趋势,满足经济、文化和社会发展的需求,各国纷纷认识到培养具有国际视野的人才的重要性。如今,无论是发达国家还是发展中国家,都深刻认识到跨国教育在培养这类人才中的关键作用。跨国教育不仅为学生提供了学习不同文化和思维方式的机会,还有助于他们建立广泛的国际人脉,从而在未来的职业生涯中占据有利地位。正因为如此,各国政府和教育机构都在积极寻求跨国教育的合作与交流。这种合作与交流的形式多样,包括但不限于学生交流、教师互访、合作研究以及联合培养项目。例如,许多国家都推出了留学项目,鼓励学生到国外深造,以拓宽他们的国际视野。同时,各国高校也纷纷开展合作,共同开设双学位课程或联合培养项目,使学生能够在不同国家学习并了解双重或多重文化背景。

除了学生交流,教师的互访也是跨国教育合作与交流的重要组成部分。通过互访,教师们可以深入了解不同国家的教育理念、教学方法和课程设置,从而丰富自己的教学手段,提高教学质量。

此外,合作研究也是跨国教育中的一项重要活动。通过国际合作,研究人员可以共享资源、数据和经验,共同推动科学技术的进步。跨国教育的合作与交流还体现在课程和教育资源的共享上。随着在线教育的兴起,越来越多的高校开始提供在线课程,使得学生可以跨越国界学习世界各地的优质课程。这种教育资源的共享不仅提高了教育的效率,提升了教育的效果,还有助于缩小教育资源的差距,促进教育的公平与普及。

二、跨国教育的模式与类型

(一)合作办学

合作办学这一教育模式在近年来越来越受到各国教育界的关注和推崇。它是指两个或多个国家的教育机构携手合作,共同打造教育项目或机构,为学生提供双向或单向的教育服务。这种合作模式不仅丰富了教育资源,还为学生创造了一个更加国际化的学习环境,有助于培养具有国际视野和跨文化交流能力的人才。以中外合作办学项目为例,这种合作模式在中国高等教育中占据了举足轻重的地位。随着中国经济的蓬勃发展和对外开放的不断深化,高等教育国际化已成为必然趋势。中外合作办学项目应运而生,为中国学生提供了在家门口就能接触到的国际化教育资源。这些合作办学项目通常涵盖了各个学科领域,从工程、商学到医学、艺术等,几乎无所不包。学生不仅可以学习到与国际接轨的专业知识,还能在多元化的教学环境中锤炼自己的语言能力和跨文化交流技巧。更重要的是,这些项目往往采用国际化的教学体系和管理模式,使学生在学习过程中就能逐渐适应国际化的工作环境和节奏。

合作办学的优势不仅仅体现在学生身上,对于参与的教育机构而言,也是一次难得的学习和交流的机会。通过合作,不同国家的教育机构可以互相借鉴、取长补短,共同推动教育教学的创新与发展。同时,合作办学也是教育机构扩大国际影响力、提升自身品牌价值的重要途径。然而,合作办学并非易事。它需要各国教育机构在办学理念、教学资源、管理模式等方面进行深度的沟通与磨合。只有在充分理解和尊重彼此的基础上,才能建立起真正稳固和长久的合作关系。此外,合作办学还需要面对诸如文化差异、语言障碍、教学质量监控等挑战。但正是这些挑战,促使合作办学项目不断完善和提升,最终为学生带来更优质的教育资源和学习环境。

(二)学生交流

学生交流,无论是短期的访学还是长期的留学,都是教育领域中一项至关重要的活动。它不仅为学生提供了一个拓宽视野、增长见识的平台,更在无形中促进了不同文化背景下的学生之间的相互了解,提高了学生的跨文化交流能力。短期的访学活动,虽然时间相对较短,但其影响却是深远的。通过这样的活动,学生们有机会走出自己的国家,亲身体验不同的文化环境,与来自世界各地的同龄人进行面对面的交流。他们会在异国他乡感受到别样的风土人情,了解到不同的生活方式和价值观。这种经历,无疑会让学生们更加开放和包容,更加理解和尊重不同的文化。而长期的留学则为学生提供了一个更为深入和全面的学习机会。在留学期间,学生们需要独立面对生活中的各种挑战,学会在陌生的环境中生存和发展。他们会与来自不同文化背景的人共同生活和学习，从而更加深入地了解这些文化的内涵和精髓。这样的经历，不仅会提高他们的语言能力，更会锤炼他们的心智，使他们变得更加成熟和独立。无论是访学还是留学，学生交流活动的核心都在于增进不同文化背景下的学生之间的相互了解。在这个过程中，学生们会学会如何与不同文化背景的人进行有效的沟通和交流，如何理解和尊重他们的观点和习俗。这种跨文化交流的能力，在学生未来的职业生涯中将会变得越来越重要，因为它能够帮助学生们更好地适应全球化的工作环境，与来自不同文化背景的同事和客户建立良好的合作关系。同时，学生交流活动也有助于拓宽学生的国际视野。通过亲身体验和学习，学生们会更加清楚地认识到全球化时代各国之间的相互依存关系，以及国际合作与交流的重要性。这种国际视野将会使他们在未来的生活和工作中更加具有全球意识和战略眼光。

（三）远程教育

远程教育，这一借助现代信息技术进行的教学模式，近年来正逐渐改变着教育生态。通过高效的互联网平台，教育资源得以在全球范围内进行实时共享，从而打破了传统教育在时间和空间上的束缚。这不仅为广大学生提供了更为灵活与多样的学习选择，也使得高质量的教育资源能够惠及更多人。在现代信息技术的支持下，远程教育让知识和智慧跨越国界，无缝连接每一个学习角落。无论是城市的繁华街区，还是偏远的乡村小镇，只要有稳定的网络连接，学生们就能够接触到世界一流的教育资源。这一点对于那些地处偏远、教育资源相对匮乏的地区来说，意义尤为重大。它不仅为这些地区的学生打开了通往知识宝库的大门，更为他们铺设了一条通往更广阔世界的道路。与此同时,远程教育也极大地提高了教育的灵活性和个性化程度。学生们可以根据自己的时间安排学习进度进行学习,无需受到传统课堂固定时间表的限制。这种个性化的学习方式,不仅有助于激发学生的学习兴趣和动力,还能够更好地满足他们多样化的学习需求。

除了提供灵活多样的学习方式,远程教育还在促进教育公平方面发挥着积极作用。在传统教育模式下,优质的教育资源往往集中在少数地区或学校,这在一定程度上加剧了教育资源的不均衡分布。而远程教育则能够通过互联网将这些优质资源广泛传播,让更多学生有机会接受高质量的教育,从而在一定程度上缓解教育资源不均衡的问题。值得一提的是,远程教育并非简单地替代传统面授教育,而是与其形成有益的互补。通过线上线下的有机结合,学生们可以在远程教育中获得更为全面和深入的学习体验。例如,一些复杂的实验操作或团队协作项目,仍然需要在线下的实验室或教室中进行;而线上课程则可以为学生提供更为丰富和多元的知识输入,帮助他们更好地理解和掌握所学内容。

三、跨国教育的优势与挑战

(一)优势

1. 丰富的学习机会与资源

跨国教育为学生提供了更多的学习机会和资源,这是传统教育所无法比拟的。首先,通过跨国教育,学生有机会接触到不同国家、不同文化背景下的教育资源和知识,这种多元化的学习方式极大地开阔了学生的视野。例如,在国际学校或多国合作办学项目中,学生可以选择学习各种国际课程,这不仅使他们能够了解到世界各地的文化和知识,还能培养他们的全球意识和跨文化交流能力。其次,跨国教育还为学生提供了更多的实践机会。许多跨国教育项目都包含实习或实践环节,学生可以在国外企业或机构进行实践,这将有助于他们更好地将理论知识与实践相结合,提高他们的实际操作能力。最后,跨国教育还为学生提供了与世界各地优秀学生交流的机会。在国际化的学习环境中,学生可以结识来自不同国家的同学,通过交流和合作,他们可以互相学习、互相启发,从而增长见识,提升自我。

2. 教育的国际化和现代化

跨国教育不仅为学生提供了更多的学习机会和资源,还促进了教育的国际化和现代化。首先,跨国教育推动了教育理念的更新。在跨国教育中,各国教育机构和教育者之间的交流与合作日益频繁,这使得先进的教育理念和教育方法得以在全球范围内传播和应用。这不仅有助于提升教育质量,还能推动教育的创新和改革。其次,跨国教育促进了教育资源的优化配置。通过国际合作与交流,各国可以共享优质教育资源,从而提高教育资源的利用效率。例如,一些国际在线教育平台汇聚了世界各地的优质课程和教师资源,为学生提供了更为丰富和多样的学习选择。最后,跨国教育还推动了教育技术的创新和应用。随着信息技术的发展,远程教育、在线教育等新型教育模式不断涌现。这些新模式打破了时间和空间的限制,使得更多学生能够接受到高质量的教育。同时,虚拟现实、人工智能等先进技术在教育领域的应用也日益广泛,为教育创新和改革提供了强大的技术支持。

3. 培养学生的国际竞争力

跨国教育对于培养学生的国际竞争力具有显著作用。首先,通过跨国教育,学生可以接触到不同文化背景下的知识和思维方式,这将有助于他们培养全球意识和跨文化交流能力。这些能力在当今全球化的时代尤为重要,因为学生需要具备与不同文化背景的人进行有效沟通和合作的能力。其次,跨国教育还能培养学生的创新能力和批判性思维。在国际化的学习环境中,学生需要面对各种复杂的问题和挑战,这将激发他们的创新思维和解决问题的能力。同时,通过与世界各地优秀学生的交流与合作,学生可以学会从不同角度思考问题,培养批判性思维。最后,跨国教育为学生的职业发展奠定了坚实的基础。通过跨国教育培养的学生通常具备更强的适应能力和团队协作能力,这些能力在当今竞争激烈的职场中尤为重要。同时,跨国教育还为学生提供了更广阔的就业市场和更多的就业机会,使他们在未来的职业发展中更具竞争力。

(二)挑战

1. 文化差异带来的沟通障碍和教学难点

在跨国教育中,文化差异是一个不可忽视的问题。来自不同文化背景的学生和教师,在交流和教学过程中可能会因为价值观、思维方式和行为习惯的差异而产生误解和冲突。这种文化差异带来的沟通障碍,不仅影响教学效果,还可能导致学生的文化不适应和心理问题。首先,语言差异是文化差异中最直接、最明显的一种。在跨国教育中,学生可能来自不同的语言背景,即使他们都使用英语或其他国际通用语言进行交流,但由于母语和方言的影响,他们在表达和理解上可能仍然存在障碍。这种语言障碍可能导致教学信息的传递不畅,甚至引发误解和冲突。其次,价值观的差异也会给跨国教育带来挑战。不同文化背景下,人们对于教育、学习、成功等概念的理解可能存在显著差异。例如,有的文化强调个人主义和竞争,而有的文化则更注重集体主义和合作。这种价值观的差异可能会导致学生在学习过程中产生困惑和不适,需要教师具备跨文化交流的能力,以帮助学生理解和适应不同的文化背景。此外,思维方式和行为习惯的差异也是文化差异的重要体现。不同文化背景下的人们在思考问题和解决问题时可能采用不同的方式和方法。在跨国教育中,这种差异可能会导致学生在理解和应用知识时遇到困难。因此,教师需要了解不同文化背景下的思维方式和行为习惯,以便更好地指导学生。为了解决文化差异带来的沟通障碍和教学难点,跨国教育机构需要加强跨文化交流的培训和教育。教师可以通过参加跨文化交流研讨会、阅读相关书籍和文章等方式,提升自己的跨文化交流能力。同时,教育机构也可以开设相关课程和活动,帮助学生了解和适应不同文化背景。

2. 教育资源的分配不均和质量问题

跨国教育中的另一个重要挑战是教育资源的分配不均和质量问题。由于不同国家和地区的经济发展水平、教育投入和政策导向等因素的差异,教育资源在全球范围内呈现出不均衡的分布状态。这种不均衡不仅体现在教育资源的数量上,还体现在教育资源的质量上。首先,一些发达国家和地区拥有丰富的高质量教育资源,包括优秀的师资队伍、先进的教学设备和丰富的教学材料。然而,一些经济相对落后的国家和地区则可能面临教育资源匮乏的问题。这种教育资源的分配不均可能导致学生在接受跨国教育时面临不公平的待遇和机会。其次,教育资源的质量问题也是跨国教育中不可忽视的问题。一些教育机构可能为了追求经济利益而忽视教学质量,导致教育资源的质量参差不齐。这种问题不仅损害了学生的利益,还可能影响整个跨国教育的声誉和发展。解决教育资源的分配不均和质量问题,需要政府、教育机构和社会各界的共同努力。政府可以通过制定合理的教育政策和投入更多的教育资源来促进教育公平和提高教育质量。教育机构则需要加强自律和监管,确保教学质量和资源的质量符合标准。同时,社会各界也可以通过捐赠、志愿服务等方式为跨国教育提供支持。

3. 教育政策的差异和合作机制的建立问题

跨国教育还面临着教育政策差异和合作机制建立的问题。不同国家和地区的教育政策可能存在显著差异,包括教育目标、课程设置、教学方式、评估标准等方面。这些差异可能导致跨国教育在合作和交流过程中产生障碍和冲突。首先,教育政策的差异可能会影响学生的学习效果和学历认证。例如,一些国家可能更注重学生的创新能力和实践能力,而另一些国家则可能更强调基础知识和应试能力。这种差异可能导致学生在不同国家接受的教育经历和成果无法得到公平的评价和认可。其次,合作机制的建立也是跨国教育中的重要问题。跨国教育需要不同国家和地区的教育机构、政府部门和社会组织之间的紧密合作和有效沟通。然而,由于文化差异、语言障碍和利益诉求等因素,合作机制的建立可能面临诸多困难。解决教育政策的差异和合作机制的建立问题,需要政府、教育机构和社会各界的共同努力和协商。政府可以通过签订国际合作协议、推动学历互认等方式来促进跨国教育的合作和交流。教育机构则可以通过加强校际合作、开展联合培养项目等方式来推动跨国教育的发展。同时,社会各界也可以通过参与国际教育交流、提供资金和资源支持等方式为跨国教育的发展贡献力量。

四、跨国教育的发展趋势与展望

(一)数字化与智能化

在 21 世纪的信息时代,数字化与智能化正在逐渐渗透到各行各业,教育领域也不例外。随着大数据、人工智能等先进技术的飞速发展,跨国教育正迎来一场前所未有的数字化转型,这一转型将极大地提升学生的学习效率和效果,为未来的教育发展注入新的活力。数字化技术的应用,使得教育资源的整合与共享变得更加便捷。借助大数据技术,人们可以对海量的教育资源进行深度挖掘和精准分析,从而为学生智能匹配最适合他们的学习资源。这种智能匹配不仅节省了学生搜索和筛选资源的时间,还能确保他们接触到的学习内容更加贴合自己的实际需求和兴趣。与此同时,人工智能技术的融入,让个性化学习路径的推荐成为可能。通过对学生的学习行为、能力水平、兴趣爱好等多维度数据进行综合分析,人工智能系统能够为学生规划出一条最优化的学习路径。这条路径不仅考虑了学生的现有知识水平,还充分照顾到了他们的学习风格和节奏,确保每个学生都能够在最适合自己的环境中高效学习。数字化转型不仅提升了学生的学习体验,还为跨国教育带来了前所未有的便捷性。

在传统的跨国教育中,学生可能需要跨越时差、地域等障碍来进行学习。而现在,借助数字化技术,学生可以随时随地进行在线学习,与全球顶级的教育资源进行无缝对接。这种便捷性不仅降低了学习的门槛,还为学生提供了更多元化的学习选择。此外,数字化与智能化还推动了教育评价体系的创新。通过对学生学习数据的实时跟踪和分析,教师可以更加客观地评估学生的学习进度和效果,从而及时调整教学策略,提供更有针对性的指导。这种以数据为驱动的评价方式,不仅提高了评价的准确性,还使得教育过程更加透明和公平。

(二) 多元化与包容性

在全球化的时代背景下,跨国教育正逐渐从单一、刻板的传统模式转变为更加多元和包容的新形态。这种转变不仅体现在教育内容的多样性上,更凸显在对学生个体差异和文化背景的深度关注上。跨国教育已经认识到,学生不再是单一的群体,他们来自世界各地,拥有各自独特的文化背景和学习需求。为了满足这些多样化的需求,教育机构必须重新审视并调整其教学策略和课程设置。这意味着,除了提供标准化的学科知识外,还需要融入更多元的文化元素,让学生在学习的过程中能够感受到各种文化的交融与碰撞。多元化不仅体现在教学内容的丰富性上,还贯穿于教学方法和评价体系之中。例如,教师可以采用多样化的教学手段,如案例教学、小组讨论、角色扮演等,激发学生的学习兴趣并培养他们的团队协作能力。同时,评价体系也应更加注重学生的全面发展,包括他们的创新能力、批判性思维以及跨文化交流能力等。与此同时,跨国教育正努力营造一个包容性的学习环境。这种环境不仅接纳和尊重来自不同文化背景的学生,还鼓励他们分享自己的故事和经验,从而促进彼此之间的深入了解和相互尊重。在这样一个包容性的氛围中,学生们可以更加自信地表达自己,敢于挑战传统观念,形成独立思考和解决问题的能力。

为了进一步增强跨国教育的多元化和包容性,许多教育机构还积极开展国际合作与交流项目。通过这些项目,学生们可以更加深入地了解其他国家和地区的文化、历史和社会现状,从而加深他们对多元文化的认识和尊重。此外,跨国教育还注重培养学生的社会责任感和公民意识。在多元化的教育环境中,学生们不仅学到了知识,更学会了如何作为一个全球公民去理解和尊重不同的文化和观念。这种教育不仅有助于培养学生的个人素养,更对推动社会的和谐与发展具有重要意义。

(三)合作与共赢

跨国教育的国际合作与交流,首先体现在教育资源的共享上。各国教育机构通过加强合作,可以共同开发和利用优质教育资源,为学生提供更加丰富和多样的学习选择。同时,国际合作与交流也是推动跨国教育创新的重要途径。通过交流与合作,各国教育机构可以相互借鉴和学习,共同探索新的教育模式和方法。这种创新不仅有助于提高教育质量,还能够培养出更多具有国际视野和创新能力的人才,为应对全球性挑战和问题提供有力的人才支撑。在跨国教育的国际合作与交流中,各国还可以共同研究和解决教育领域的共性问题。例如,面对全球教育资源不均衡问题,各国可以通过合作与交流,共同探讨如何扩大教育资源的覆盖面,提高教育资源的利用效率,从而推动教育资源的均衡与普及。这种合作与交流不仅有助于增进各国之间的友谊与互信,还能够为全球教育的可持续发展注入新的动力。

此外,跨国教育的国际合作与交流还有助于推动教育产业的全球化发展。随着全球化的不断深入,教育产业也逐渐成为全球化的重要领域之一。通过加强国际合作与交流,各国可以共同开拓教育市场,推动教育产业的全球化发展。这不仅有助于扩大教育产业的影响力和竞争力,还能够为各国带来更多的经济收益和社会效益。在实现合作共赢的过程中,跨国教育还需要注重文化的交流与融合。文化是教育的重要组成部分,也是各国之间交流与合作的重要桥梁。通过加强文化交流与融合,各国可以更加深入地了解彼此的文化传统和教育理念,从而增进相互之间的理解与尊重。这种文化的交流与融合不仅有助于推动跨国教育的深入发展,还能够为世界文化的多样性与繁荣做出贡献。

第二节 高等教育国际化理论

一、高等教育国际化的概念与背景

(一)教学国际化

在全球化的大背景下,教学国际化已成为高等教育不可或缺的一部分。国际化的教学方式,不仅可以让学生接触到世界各地的知识和文化,还培养了他们的国际视野和跨文化交流能力。与国外高等教育机构的合作是教学国际化的重要途径之一。通过合作开设课程,同时结合本土的实际情况,可以打造出既具有国际化特色又适合本土学生的课程体系。这种合作方式不仅可以丰富学生的学习内容,还能提升教师的教学水平,进一步推动高等教育的整体进步。除此之外,还应该注重教材的引进和更新。教材是学生学习的重要工具,引进国外优质的教材可以让学生接触到前沿的学术成果和最新的学科知识。同时,通过对比国内外教材的不同,学生还可以更深入地理解不同文化背景下的学术观点和思维方式。双语教学也是教学国际化的重要手段之一。通过开展双语教学,学生可以在学习学科知识的同时,提高自己的外语水平,增强跨文化交流的能力。双语教学不仅可以帮助学生更好地适应全球化的学习环境，还能为他们未来的职业发展打下坚实的基础。总的来说，教学国际化旨在为学生提供更加多元化、国际化的学习环境。通过引进国外优质教育资源、与国外高等教育机构合作、引进先进教材和开展双语教学等方式，可以培养出具有国际视野和跨文化交流能力的人才，为国家的经济社会发展注入新的活力。

（二）研究国际化

在全球化时代，学术研究已经跨越了国界，成为国际间交流与合作的重要领域。通过加强与国际同行的交流与合作，可以接触到更广阔的学术视野和更多的研究资源。与国际研究机构建立合作关系，可以共享彼此的研究成果和经验，共同推动学术进步。这种合作方式不仅可以提升科研水平，还能增强在国际学术界的地位和影响力。共同开展研究项目是研究国际化的重要形式之一。通过与国际同行共同开展研究项目，可以集思广益，充分利用各自的资源和优势，共同攻克学术难题。这种合作方式不仅可以加速科研成果的产出，还能培养出更多的科研人才，为未来的学术发展打下坚实的基础。参加国际学术会议也是研究国际化的重要途径。通过参加国际学术会议，可以及时了解国际学术界的最新动态和前沿成果，与同行进行深入的交流和讨论。这种交流方式不仅可以拓宽学术视野，还能激发创新思维和灵感，推动学术研究的不断发展。总的来说，研究国际化是推动高等教育机构科研水平提升、学术进步和科技创新的重要手段。通过加强与国际同行的交流与合作，共同开展研究项目和参加国际学术会议等方式，可以不断提升自己的科研实力和学术影响力，为推动全球学术进步和科技创新做出更大的贡献。

（三）服务国际化

在全球化时代,高等教育机构的服务功能也逐渐向国际化方向拓展。高等教育机构应积极参与国际交流与合作,为国际社会提供教育、培训、咨询等服务,这不仅是提升高等教育机构国际影响力的有效途径,也是推动教育服务贸易发展的重要手段。为国际学生提供优质的教育服务是高等教育机构服务国际化的重要体现。随着国际学生的不断增加,高等教育机构需要为他们提供更加完善、专业的服务,包括招生咨询、教学管理、生活服务等各个方面。通过提供优质的教育服务,可以吸引更多的国际学生来我国学习,进一步推动高等教育的国际化进程。参与国际教育援助项目也是服务国际化的重要内容之一。通过参与国际教育援助项目,可以为发展中国家提供教育支持和帮助,推动全球教育的均衡发展。这种援助方式不仅可以提升国际形象和社会责任感,还能培养出更多的国际化人才,为全球经济社会发展做出贡献。为国际企业提供人才培训也是服务国际化的重要途径。随着全球化的不断深入,越来越多的企业需要具备国际视野和跨文化交流能力的人才。高等教育机构可以为企业提供定制化的人才培训服务,帮助他们培养出符合国际化要求的人才。这种服务方式不仅可以增强高等教育机构与企业的联系和合作,还能推动教育服务贸易的发展。

二、高等教育国际化的主要内容

（一）国际化课程建设

1. 借鉴国外先进课程体系与教学理念

在国际化课程建设的道路上,首先需要做的是借鉴国外先进的课程体系和教学理念。国外的课堂体系通常更强调学生能力的培养和素质的提升。通过借鉴这些先进的课程体系,可以让学生接触到更广阔的学术视野,更全面的知识结构,从而培养他们的创新思维和解决问题的能力。同时,国外的教学理念也值得借鉴和学习。比如以学生为中心的教学理念,强调学生的主体性和主动性,鼓励学生自主探究和合作学习。这种教学理念有助于激发学生的学习兴趣和动力,提高他们的学习效果。通过借鉴这些先进的教学理念,可以推动高等教育的教学改革,提高教学质量,培养出更具有创新精神和实践能力的人才。在借鉴国外先进课程体系和教学理念的过程中,需要结合本国实际,进行本土化的改造和创新。只有将这些先进的课程体系和教学理念与本土的文化、历史、社会背景相结合,才能真正发挥出其应有的作用。

2. 开发具有国际视野和本土特色的课程

开发具有国际视野和本土特色的课程是国际化课程建设的又一重要任务。具有国际视野的课程不仅需要涵盖全球的知识体系和发展趋势,还需要注重培养学生的国际意识和跨文化交流能力。这种课程应该能够让学生了解不同国家和地区的文化、历史、社会和经济发展状况,从而增强他们的全球意识和国际竞争力。同时,具有国际视野课程的开发还需要结合本土的特色和需求进行。每个国家和地区都有其独特的历史、文化和社会环境,这些因素都会影响到高等教育的发展和人才的培养。因此,在开发具有国际视野的课程时,需要充分考虑本土的实际情况和需求,将国际视野与本土特色相结合,打造出既具有国际水平又符合本土需求的优质课程。为了开发具有国际视野和本土特色的课程,需要加强与国际高等教育机构的合作和交流。通过合作和交流,可以了解国际上的最新教育理念和教学方法,引进国外的教育资源,同时也可以将本土的文化和教育特色展示给国际社会,推动高等教育的国际交流与合作。

3. 推动双语教学,提高学生外语水平和跨文化交流能力

在国际化课程建设中,推动双语教学是提高学生外语水平和跨文化交流能力的重要手段。双语教学不仅可以帮助学生掌握一门外语,更重要的是可以培养他们的跨文化交流能力和国际视野。在双语教学中,学生需要用外语进行思考和表达,这不仅可以提高他们的外语水平,还可以增强他们的语言运用能力和跨文化交流能力。实施双语教学时,应该注重教材的选择和教学方法的改进。双语教学的教材应该既符合学科教学的要求,又能够体现外语教学的特点。同时,还需要改进教学方法,注重学生的参与和互动,激发学生的学习兴趣和动力。例如,可以采用小组讨论、角色扮演等教学方法,让学生在轻松愉快的氛围中学习和提高。为了推动双语教学的有效实施,还需要加强师资队伍的建设。双语教学需要教师具备良好的外语水平和专业知识,同时还需要掌握双语教学的方法和技巧。因此,需要加强对教师的培训,提高他们的双语教学能力和水平。可以通过组织教师参加外语培训、邀请国外专家进行学术交流等方式来提高教师的外语水平和双语教学能力。

(二)师资的国际化交流

1. 引进外籍教师和访问学者

引进外籍教师和访问学者是师资国际化交流的重要方式之一。外籍教师和访问学者通常具有丰富的国际学术背景和教学经验,他们的加入能够为高等教育机构带来新的教学理念和学术思

想,从而推动教学水平和科研能力的提升。首先,外籍教师和访问学者的引进有助于丰富教学内容和教学方法。他们通常具有不同的文化背景和教育经历,能够为学生提供多元化的学习体验。通过与外籍教师和访问学者交流,学生可以接触到更广阔的学术视野和前沿知识,培养其跨文化交流能力。其次,外籍教师和访问学者的参与有助于提升高等教育机构的科研水平。他们通常在自己的研究领域具有深厚的学术造诣,能够与本国教师开展深入的学术交流与合作,共同推动科研项目的开展和学术成果的产出。这种合作不仅能够提升高等教育机构的科研实力,还能够增强其在国际学术界的影响力。为了有效引进外籍教师和访问学者,高等教育机构需要建立完善的引进机制,包括明确引进标准、提供优厚的待遇和条件、加强服务与管理等。同时,还需要加强与国际高等教育机构的联系与合作,拓宽引进渠道,吸引更多优秀的外籍教师和访问学者来我国交流与合作。

2. 派遣本国教师出国进修

派遣本国教师出国进修是师资国际化交流的另一重要方式。通过出国进修,教师可以接触到国际先进的学术理念和教学方法,提升自身的学术水平和教学能力。同时,出国进修还有助于教师拓宽国际视野,了解不同文化背景下的教育理念和教学实践,为回国后的教学工作提供有益的借鉴和参考。在实施派遣本国教师出国进修计划时,高等教育机构需要明确进修目标和计划,选择合适的进修机构和项目,确保教师能够真正学到先进的知识和技能。同时,还需要建立完善的选拔机制和管理制度,确保选拔出真正有潜力的教师参加进修计划,并对其进行有效的管理和考核。出国进修的教师不仅要在学术上有所收获,还要注重与国际同行的交流与合作。通过参与国际学术会议、研讨活动等,教师可以结交更多的国际同行,拓展人脉资源,为以后的学术研究和教学工作积累更多的经验和资源。

3. 参加国际学术会议

参加国际学术会议是师资国际化交流的重要补充。国际学术会议是学术界交流与合作的重要平台,参加国际学术会议可以让教师了解最新的学术动态和前沿成果,结交国际同行,拓宽学术视野。通过参加国际学术会议,教师可以接触到不同国家和地区的学者和专家,了解他们在相关领域的研究进展和成果。这种交流有助于教师把握学术前沿动态,提升自身的学术水平和研究能力。同时,参加国际学术会议还有助于教师拓展人脉资源,为以后开展国际合作与交流奠定基础。为了鼓励和支持教师参加国际学术会议,高等教育机构需要提供必要的经费支持和条件保障。同时,还需要建立完善的学术评价机制和管理制度,确保教师参加国际学术会议的成果能够得到充分认可和奖励。

(三)学生的国际流动

1. 提供广阔的学术视野

随着全球化的不断深入,单一的学术背景或知识体系已经难以满足未来社会的发展需求。学生的国际流动,特别是通过校际交流、联合培养等项目,为学生打开了一个全新的学术世界。在这样的环境中,学生有机会接触到不同的学术观点、研究方法和教育资源,从而极大地拓宽了他们的学术视野。例如,通过校际交流项目,学生可以在不同的高等教育机构学习,体验不同的教学模式和学术氛围。这种经历不仅能够让学生对比和反思自己的学术方法和知识体系,还能激发他们的创新思维和解决问题的能力。同时,联合培养项目则允许学生在国内外两所或多所高校同时学习,使其获得多元化的教育资源和文化体验。这种教育模式不仅提高了学生的学术水平,还培养了他们的适应能力和团队协作精神。

2. 创造国际化的学习环境

随着学生国际流动的增加,高等教育机构也逐渐形成了一个多元化的学习环境。在这样的环境中,来自不同国家和地区,不同文化背景的学生汇聚一堂,共同学习、生活和交流。这种多元化的学习环境不仅有助于提高学生的外语水平和跨文化交流能力,还能增进他们对不同文化的理解和尊重。留学项目是学生国际流动的另一种重要形式。通过出国留学,学生可以更深入地了解目标国家的文化、历史和社会环境,从而培养他们的国际视野和跨文化交流能力。同时,留学也是学生挑战自我、锻炼独立生活能力和解决问题的能力的重要途径。在留学期间,学生需要面对语言障碍、文化差异等挑战,这些经历都能让他们更加成熟和自信。

3. 培养国际竞争力和增进相互理解

学生的国际流动不仅为他们提供了学术和文化上的丰富体验,更重要的是培养了他们的国际竞争力。在全球化的背景下,具备国际视野和跨文化交流能力的人才更具竞争力。通过国际流动,学生能够更好地适应多元化的工作环境,与来自不同文化背景的人进行有效沟通与合作。此外,学生的国际流动还增进了不同文化背景下学生的相互理解与尊重。在多元化的学习环境中,学生有机会深入了解其他国家和地区的文化、价值观和生活方式。这种了解有助于减少误解和偏见,促进国际间的友好交流与合作。同时,学生也将成为文化交流的使者,将本国的文化传播到世界各地,增进不同文化之间的交流与融合。为了促进学生的国际流动,高等教育机构需要积极拓展国际合作与交流渠道,提供更多的校际交流、联合培养和留学机会。同时,还需要加强对学生国际流动的支持与管理,确保学生能够在安全、有序的环境中获得丰富的学术经历和文化体验。

(四)国际化管理与服务

1. 设立国际学生服务部门

为了更好地服务和管理国际学生,高等教育机构应专门设立国际学生服务部门。这个部门将成为国际学生的首要联系窗口,为他们提供从入学前的咨询、申请材料的审核,到入学后的生活、学习等各方面的指导和帮助。国际学生服务部门的工作人员须具备跨文化交流的能力和对不同文化背景学生的深刻理解,以确保其能够提供贴心、专业的服务。此外,该部门还应定期组织文化交流活动,帮助国际学生更好地融入校园生活,同时促进中外学生的相互了解和友谊。除了日常的服务工作,国际学生服务部门还应密切关注国际学生的学习和生活状况,及时发现并帮助他们解决问题。对于遇到困难的国际学生,部门应提供必要的心理支持和援助,确保他们在异国他乡也能感受到家的温暖。

2. 提供多语种服务

为了满足来自不同国家和地区的国际学生的需求,高等教育机构应提供多语种服务。这包括但不限于官方网站、招生宣传材料、课程设置和学术支持的多语种版本。首先,官方网站应提供多种语言选项,方便国际学生获取校园信息、了解学校政策和文化活动。其次,招生宣传材料也应翻译成多种语言,以吸引更多不同背景的国际学生申请。在课程设置方面,高等教育机构可以考虑开设一些用英语或其他国际通用语言授课的课程,以降低语言障碍对国际学生学习的影响。同时,学术支持也应提供多语种服务,确保国际学生在学术上遇到困难时能得到及时的帮助。

3. 完善国际学生的招生与管理制度

为了吸引更多优秀的国际学生来我国学习,高等教育机构应完善招生与管理制度。通过与国外高中、大学等教育机构建立合作关系,开展联合招生宣传活动,提高学校的国际知名度。在管理制度方面,高等教育机构应为国际学生提供个性化的培养方案和学术指导。针对国际学生的特点和需求,制定灵活的课程安排和学制,以便他们能更好地适应中国的教育环境。此外,机构还应建立完善的奖学金和助学金制度,以激励国际学生努力学习、积极参与校园活动。除了上述措施外,高等教育机构还应关注国际学生的心理健康和安全问题。通过定期的心理咨询和安全教育活动,增强国际学生的自我保护意识和能力。同时,应加强与国外使领馆、当地政府和社区的合作与沟通,为国际学生提供全方位的保障和支持。

三、高等教育国际化的实施路径

(一)加强国际合作与交流

加强国际合作与交流是推动高等教育国际化的关键一环。高等教育机构应当积极主动地融入全球教育网络,与国外的高等教育机构建立稳固的合作关系。这种合作不仅仅是形式上的,更应该是深层次、实质性的。师生交流是国际合作的直观体现。高等教育机构可以定期派遣教师和学生到合作院校进行学习与交流，这样不仅能拓宽师生的国际视野，也有助于提升学校的教学质量和研究水平。同时，邀请外国师生来本校访问、学习，也是促进文化交流与理解的有效途径。合作研究是国际合作中另一种重要方面。通过与国际同行共同开展研究项目，可以共享资源、技术和经验，加速科研成果的产出。这种合作模式不仅能够提升学校的科研实力，也有助于培养具有国际竞争力的研究团队。此外，共同举办学术会议也是国际合作与交流的重要内容。学术会议是学术界分享最新研究成果、探讨前沿问题的平台。通过与国际合作伙伴共同举办学术会议，可以吸引更多国际学者参与，提升学校在国际学术界的影响力。

（二）引进国外优质教育资源

引进国外优质教育资源是高等教育机构提升教学质量和科研水平的重要举措。在全球化的今天，部分国外的高等教育体系积累了丰富的经验和资源，这些都可以为所借鉴和学习。高等教育机构应该积极地寻找并引进国外先进的课程体系。国外许多知名大学经过长时间的教学实践，已经建立了一套完善、科学的课程体系。引进这些课程体系，可以使教学内容更加丰富、系统，更好地满足学生的学习需求。除了课程体系，国外的一些教学理念也值得学习。如以学生为中心，强调批判性思维、创新能力和实践能力的培养，这些教学理念可以引导教育改革，更好地培养出适应社会发展的人才。

（三）推动双语教学

推动双语教学是高等教育机构在国际化进程中的一项重要战

略。双语教学不仅能够有效提高学生的外语水平和跨文化交流能力,还是提升高等教育机构国际影响力的有力手段。实施双语教学,可以让学生在学习专业知识的同时,接触到外语的实际应用,从而更直观地了解外语的语境和表达方式。这种教学方式对于培养学生的外语听说读写能力具有显著效果,特别是在提高学生运用外语进行专业交流和学术研究的能力方面。此外,双语教学还有助于学生理解和接纳不同的文化观念。在双语环境中学习,学生需要理解和适应两种不同的语言和文化系统,这有助于培养他们的跨文化交流能力和全球视野,为他们在未来的国际舞台上更好地发挥作用打下坚实的基础。对于高等教育机构而言,双语教学也是提升国际影响力的重要途径。实施双语教学可以展示学校对国际化的承诺和投入,吸引更多对国际化教育感兴趣的学生和家长。同时,通过与国外高等教育机构的合作与交流,双语教学可以成为连接不同文化、教育体系的桥梁,进一步提升学校在国际教育领域的知名度和影响力。

(四)完善国际化管理与服务体系

在高等教育国际化的进程中,建立完善的国际化管理体系和服务体系显得尤为重要。这不仅关乎高等教育机构的国际形象,更直接影响到国际学生的学习与生活体验。这个部门将成为国际学生的"一站式"服务中心,从入学咨询、签证指导,到住宿安排、文化适应等,为国际学生提供全方位的支持和帮助。通过这样的服务,国际学生能够更快地适应新的学习和生活环境,更好地融入校园社区。其次,提供多语种服务也是必不可少的。高等教育机构应在官方网站、招生材料、课程介绍等方面提供多种语言选项,以满足不同国家和地区学生的需求。这不仅有助于吸引更多国际学生,还能让他们在学习过程中减少语言障碍,更好地理解和掌握知识。再者,完善国际学生的招生与管理制度也是关键一环。高等教育机构应制定明确的招生政策和录取标准,确保招生的公平性和透明度。同时,为国际学生提供个性化的培养方案和学术指导,关注他们的学习进展和心理健康,确保他们在异国他乡也能得到全面的关怀和支持。

四、高等教育国际化的意义与价值

(一)提升人才培养质量

1. 提供多元化学习资源

高等教育国际化的一个重要特征就是学习资源的多元化。在传统的高等教育体系中,学生往往只能接触到本国的教育资源,而国际化则为学生打开了更广阔的视野。通过与国外高等教育机构的合作,学生可以获得来自世界各地的优质教育资源,包括先进的教材、独特的研究方法、前沿的科研成果等。这些多元化的学习资源不仅丰富了学生的学习内容,还为他们提供了更多的选择和发展空间。例如,许多高校都开展了与国外知名大学联合的培养项目,学生可以在国内学习一段时间后,再出国留学一段时间,这种学习方式可以让学生直接接触到国外的教育资源和文化环境,从而拓宽他们的国际视野。此外,随着网络技术的发展,越来越多的高校开始提供在线教育资源,这些资源跨越国界,让学生可以随时随地学习到世界各地的优质课程。

2. 创造国际化学习环境

高等教育国际化还为学生创造了一个国际化的学习环境。在这个环境中,学生可以与来自不同文化背景的同学交流学习,了解他们的思维方式、价值观念和生活习惯。这种跨文化的交流有助于学生培养全球意识,增强他们对多元文化的理解和尊重。除了日常的课堂学习,高等教育机构还会举办各种国际文化活动,如国际文化节、国际学生论坛等,这些活动为学生提供了一个展示自己才华和了解其他国家文化的平台。通过这些活动,学生可以更加深入地了解不同国家的风土人情,增强他们的跨文化交流能力。此外,国际化的学习环境还鼓励学生参与国际交流与合作项目。这些项目通常涉及多个国家和领域,需要学生具备跨学科的知识和跨文化的沟通能力。通过参与这些项目,学生可以提升自己的综合素质,为将来在国际舞台上发展打下坚实的基础。

3. 培养创新思维、批判性思维和跨文化交流能力

高等教育国际化的最终目标是培养具有国际竞争力的人才。在多元化的学习资源和国际化的学习环境中,学生需要不断适应新的学习环境、解决新的问题,这有助于培养他们的创新思维和批判性思维。创新思维是指能够提出新问题、新观点和新方法的能力。在高等教育国际化的背景下,学生接触到来自世界各地的先进理念和技术,这些都可以激发他们的创新思维。同时,与不同文化背景的同学交流学习也可以为他们带来新的思维方式和解决问题的方法。批判性思维是指能够独立思考、分析和评价问题的能力。在国际化的学习环境中,学生需要学会辨别不同文化背景下的信息和观点,这就需要他们具备批判性思维。通过分析和评价不同来源的信息和观点,学生可以更加深入地了解问题的本质和真相。跨文化交流能力则是指能够与不同文化背景的人进行有效沟通的能力。在高等教育国际化的背景下,学生需要与来自不同

国家和地区的同学、老师和企业合作,这就需要他们具备良好的跨文化交流能力。通过参与国际交流与合作项目、参加国际文化活动等方式,学生可以提升自己的跨文化交流能力,为将来在国际舞台上发展打下坚实的基础。

(二)促进学术交流与合作

1. 师资交流促进教育理念与方法的融合

高等教育国际化首先体现在师资交流上。师资交流不仅是教师间的简单互访,更是教育理念、教学方法和学术研究的深度碰撞与融合。通过邀请国外优秀教师来本国讲学、举办研讨会或者进行长期的教学合作,可以借鉴新的教育理念和教学方法。同时,本国教师也可以通过走出国门,到国外高等教育机构进行访学、研修,亲身感受和学习国际教育模式,提升自身的专业素养和教学能力。师资交流不仅有助于提升教师的教学水平,更能推动学术研究的国际化。在国际化的学术交流中,教师们可以共同探讨学术问题,分享研究心得,从而促进学术研究的深入和创新。这种跨国的师资交流,为各国高等教育机构之间的合作搭建了桥梁,推动了全球范围内的高等教育资源共享和优势互补。

2. 学生流动拓宽国际视野与跨文化理解

学生流动是高等教育国际化的另一重要体现。通过留学、交换生项目、短期访学等方式,学生有机会亲身体验不同国家的文化、教育和社会环境。这种跨文化的体验不仅能拓宽学生的国际视野,增进他们对不同文化的理解和尊重,还能培养他们的跨文化交流能力和全球意识。学生的国际流动也为各国高等教育机构之间的合作提供了契机。接收国际学生的学校需要与其他国家的学校建立联系,共同制订培养计划、管理学生事务等。这种合作不仅促进了学校之间的了解与信任,还为进一步的学术合作奠定了基础。同时,学生的流动也带动了知识和技能的传播,推动了全球范围内的学术进步和科技创新。

3. 合作研究推动学术创新与科技进步

合作研究是高等教育国际化的核心环节之一。通过跨国合作研究项目,各国高等教育机构可以共同探讨学术问题、分享研究资源、共同开展实验和数据分析等。这种合作方式打破了地域限制,汇聚了全球的智慧和力量,有助于解决复杂的科学问题和推动学术创新。在合作研究过程中,各国研究人员可以相互学习、取长补短,共同推动相关领域的科技进步。例如,在生物医学、新能源、环境保护等前沿科技领域,国际合作已经成为推动科技创新的重要手段。通过跨国合作,各国高等教育机构可以共享昂贵的实验设备和研究资源,降低研发成本,加速科技成果的产出和转化。此外,合作研究还有助于培养具有国际视野和创新能力的研究人才。在参与国际合作的过程中,研究人员需要掌握多国语言和文化知识,学会与不同背景的人沟通和协作。这种跨文化的交流和实践经验对于提升研究人员的综合素质和创新能力具有重要意义。

(三)推动经济社会发展

1. 培养具有国际视野的人才

高等教育国际化的重要目标之一就是培养具有国际视野的人才。在全球化日益加速的今天,具有国际视野的人才显得尤为重要。他们不仅能够理解并适应多元文化的环境,还能够在国际舞台上发挥重要作用。首先,高等教育国际化提供了丰富的国际交流机会,使学生能够接触到不同国家的文化、思维方式和解决问题的方法。这种跨文化的交流经验有助于学生开阔眼界,加深对全球问题的认识和理解。其次,国际化的高等教育注重培养学生的全球意识和国际合作精神。通过参与国际项目、学习国际课程,学生不仅能够提升自己的专业素养,还能学会如何与不同文化背景的人进行有效的沟通和协作。最后,具有国际视野的人才在就业市场上具有更高的竞争力。他们能够适应全球化的工作环境,为企业提供更广阔的市场视野和国际化的发展战略。因此,高等教育国际化对于培养具有国际视野的人才具有至关重要的作用。

2. 为经济社会发展注入新活力

高等教育国际化不仅有助于培养具有国际视野的人才,还能为经济社会发展注入新的活力。首先,这些具有国际视野的人才能够为本国的经济社会发展提供创新的思路和方法。他们了解国际市场的动态和趋势,能够为本国企业提供有价值的建议和指导,推动企业走向国际市场,从而增强本国的经济实力和国际竞争力。其次,高等教育国际化还能促进科技创新和产业升级。通过与国外高等教育机构和科研机构的合作与交流,可以引进先进的科技成果和借鉴其创新理念,推动本国的科技创新和产业升级。同时,国际化的高等教育机构还能培养出更多的创新创业人才,为经济社会发展提供源源不断的动力。最后,高等教育国际化还能提升本国的国际形象和影响力。通过吸引更多的国际学生和学者来我国学习与研究,可以展示本国的教育实力和文化魅力,增强本国的国际地位和话语权。这种软实力的提升对于经济社会的发展也具有重要的推动作用。

3. 促进教育服务贸易的发展和推动经济繁荣

高等教育国际化还能促进教育服务贸易的发展和推动经济繁

荣。首先,随着全球化的深入发展,教育服务贸易已经成为国际贸易的重要组成部分。通过提供优质的国际化教育服务,可以吸引更多的国际学生和学者来我国学习与研究,从而增加本国的外汇收入和经济收益。其次,国际化的高等教育机构还能带动相关产业的发展。比如,留学生的到来会促进当地的消费、旅游和房地产等行业的发展,为当地经济带来新的增长点。同时,国际化的高等教育机构还能与当地企业开展产学研合作,推动科技成果的转化和应用,为当地经济的转型升级提供有力支持。最后,高等教育国际化还能促进文化的交流与传播。通过与国际学生和学者的交流与互动,可以增进彼此之间的了解和友谊,推动不同文化之间的融合与发展。这种文化的交流与传播对于增强本国的文化软实力和推动经济社会的繁荣与进步也具有重要的意义。

第三节 中外合作办学理论框架

一、适度规模是基础

(一)适度规模的重要性

在中外合作办学中,适度的办学规模是保证教学质量和效益的关键因素。首先,没有一定的规模,学校就难以吸引到优秀的教师资源,也无法提供丰富多样的课程和活动,从而影响教学质量和学生的全面发展。同时,规模过小还可能导致经济效益不佳,使得学校难以维持运营,更别提提供优质的教育服务了。然而,规模过大、发展过快同样会带来问题。一方面,过大的规模可能导致教学资源紧张,师生比例失衡,从而影响到教学质量。另一方面,过快的发展速度可能使得学校在管理、教学等方面跟不上节奏,出现各种混乱和问题。因此,中外合作办学必须寻求一个适度的规模,既能够保证教学质量和效益,又能够避免过大或过快的发展带来的问题。

(二)如何确定适度的办学规模

确定适度的办学规模需要综合考虑多个因素。首先,地方和学校的实际需求与条件是决定办学规模的基础。学校应根据自身的师资力量、教学设施、管理水平等实际情况来制定合理的发展规划,避免盲目扩张。其次,经济社会发展的大局也是确定办学规模的重要参考。学校应密切关注国家和地方的经济社会发展趋势,了解行业需求和人才市场动态,以便及时调整专业设置和招生计划,确保培养的人才符合社会需求。最后,符合中外合作办学的基本规律也是确定办学规模的关键。中外合作小学有其独特的教学模式和管理方式,学校应遵循这些规律来制定合理的发展策略。例如,中外合作办学通常注重学生的国际化视野和跨文化交流能力的培养,因此在制定办学规模时应充分考虑这些因素。

(三)超前发展的必要性

除了确定适度的办学规模外,超前发展也是中外合作办学中需要考虑的重要因素。由于人才培养具有周期性和滞后性的特点,学校必须着眼于长远规划自身的发展。具体来说,超前发展主要体现在以下几个方面:首先,在课程设置上要保持前瞻性。随着科技的飞速发展和全球化的深入推进,新的行业和领域不断涌现。学校应及时关注这些变化并更新课程设置,以便为学生提供最前沿的知识和技能训练。其次,在师资队伍建设上也要注重超前发展。优秀的教师是提高教学质量的关键所在。学校应积极引进具有国际视野和教学经验的优秀教师,并为他们提供持续的职业发展和培训机会以保持其教学水平的先进性。最后,在硬件设施和教学资源方面也要进行超前投入。随着教育技术的不断进步和学生学习需求的变化,学校需要不断更新教学设备和资源以满足学生的学习需求并提高教学效果。例如,建设智能化的教室、实验室以及提供在线学习资源等都是超前发展的重要举措。

二、创新质量是关键

(一)创新质量是中外合作办学的核心竞争力

创新质量是中外合作办学规模发展的底线,也是其核心竞争力所在。在全球化日益加速的今天,中外合作办学要想在激烈的教育市场中脱颖而出,就必须注重创新质量,提供独特且具有吸引力的教育产品和服务。只有稳住质量并有所创新,中外合作办学的规模才能稳步增长,效益才能不断提高。这种创新不仅体现在课程设置、教学方法上,更体现在培养学生的创新思维和解决问题的能力上。通过不断创新,中外合作办学可以培养出更多具有国际视野和创新能力的人才,从而满足社会和经济发展的需求。为了实现创新质量,中外合作办学需要打破传统的教学模式,借鉴新的教学理念和方法。例如,可以采用项目式学习、翻转课堂等创新教学方式,激发学生的学习兴趣和主动性。同时,还应注重培养学生的批判性思维、团队协作和解决问题的能力,以适应快速变化的社会环境。

（二）引进国外优质教育资源是提升中外合作办学质量的重要途径

引进国外优质教育资源是提升中外合作办学质量的重要途径。这些优质教育资源包括国际知名的院校、优势学科和专业、特色课程和教材等。通过与国外知名院校的合作，中外合作办学可以迅速提升自身的教育水平和国际影响力。同时，引进优势学科和专业可以帮助学生接触到更广阔的知识领域和前沿技术，为他们的未来发展打下坚实基础。在引进国外优质教育资源的过程中，中外合作办学需要注重资源的整合和优化。一方面，要确保引进的资源与自身的办学定位和特色相符合，避免盲目跟风或资源浪费。另一方面，要加强与国外教育机构的沟通与合作，共同研发适合中外合作办学学生的教材和课程，以确保教学质量和效果。此外，引进国外优质教育资源还可以为中外合作办学带来更多的国际化元素和文化交流机会。通过与国外学生的互动和学习，可以培养学生的跨文化交流能力和全球视野，提升他们的综合素质和竞争力。

（三）借鉴国外成功的办学和管理经验以及先进的教学理念、方法和技术手段

国外许多知名院校在长期的发展过程中积累了丰富的办学经验和管理经验，这些都可以为中外合作办学提供有益的参考和借鉴。首先，在办学理念上，中外合作办学可以借鉴国外院校的先进理念，如以学生为中心、注重实践能力和创新精神的培养等。这些理念有助于引导中外合作办学更加注重学生的个性化发展和全面发展，提高教育质量。其次，在管理方法上，国外院校的高效管理

模式和制度也值得中外合作办学学习。例如,建立科学的评估体系、完善的教学质量监控机制以及有效的激励机制等,都可以提高中外合作办学的管理水平和运营效率。最后,在教学手段上,国外院校广泛应用的信息技术和在线教育资源也可以为中外合作办学所用。引入这些先进的教学手段,可以丰富教学内容和形式,提高学生的学习兴趣和效果。同时,还可以利用这些技术手段加强与国外院校的合作与交流,实现教育资源的共享和优化配置。

三、提高效益是目标

(一)优化资源配置,提高教育资源的利用效率

优化资源配置是提高中外合作办学效益的关键环节。在办学过程中,合理配置和利用教育资源至关重要,这不仅能提高教育教学的质量,还能减少资源的浪费,实现效益最大化。首先,要充分利用现有的教育资源,包括教学设施、师资力量、科研设备等。通过合理的规划和调度,确保这些资源能够在各个教学环节中得到有效利用,避免资源的闲置和浪费。例如,合理安排课程时间和教室使用,使教学设施得到充分利用;同时,加强师资力量的培养和引进,提高教师的教学水平和专业素养,从而提升教学质量。其次,要注重教育资源的更新和升级。随着科技的不断进步和教育理念的更新,教育资源也需要与时俱进。中外合作办学机构应定期评估自身资源状况,及时淘汰过时的设备和教材,借鉴先进的教学技术和教学理念,以保持教育资源的先进性和有效性。最后,要加强资源共享和合作。中外合作办学机构之间可以通过建立合作关系,实现教育资源的共享和优势互补。这种合作不仅可以减少资源的重复建设,还能拓宽教育资源的来源,提高资源的利用

效率。

(二)加强教学管理,提升教学质量

教学管理是中外合作办学中的重要环节,直接关系教学质量的提升和效益的提高。为了加强教学管理,可以从以下几个方面入手:首先,建立完善的教学管理制度和规范。制订明确的教学计划和教学目标,确保教学活动的有序进行。同时,建立教学质量评价体系,定期对教学质量进行评估和总结,及时发现问题并进行改进。其次,加强教学过程的监督和控制。通过课堂观察、学生反馈等方式,及时了解教学情况,对教学过程中出现的问题进行及时调整和优化。同时,鼓励教师进行教学研究和创新,提升教学效果和学生的学习兴趣。最后,注重学生的个性化发展。中外合作办学应关注学生的个性化需求和发展方向,提供多样化的教学资源和课程选择。通过因材施教、分层教学等方式,满足不同学生的学习需求,提升他们的学习效果和综合素质。

(三)加强与企业和社会的联系与合作,拓宽毕业生的就业渠道

中外合作办学要加强与企业和社会的联系与合作,这不仅能拓宽毕业生的就业渠道,还能提升办学的社会影响力和认可度。具体来说,可以从以下几个方面入手:首先,建立校企合作机制。与企业建立紧密的合作关系,共同开展人才培养、科研合作等项目。通过校企合作,可以为学生提供更多的实践机会和就业渠道,同时也能为企业提供优秀的人才资源和技术支持。其次,加强与行业协会和社会组织的联系。与行业协会和社会组织建立合作关系,共同推动行业的发展和人才的培养。通过这种合作,可以及时

了解行业动态和市场需求,为中外合作办学提供有针对性的教学和改进方向。最后,注重品牌建设和宣传推广。通过加强品牌建设和宣传推广,提升中外合作办学的知名度和影响力。这不仅能吸引更多的优秀学生报考,还能为毕业生的就业创造更多的机会和优势。

第二章 中外合作办学的模式与类型

第一节 中外合作办学的主要模式

一、分段培养模式

(一)打下坚实基础,助力未来发展

分段培养模式的首要好处在于,学生可以在国内阶段打下坚实的基础。在国内学习期间,学生可以接触到系统化的专业知识,并通过各种实践活动提升自己的实操能力。这一阶段的学习不仅包括了基础理论知识,还有专业技能的培养,以及对中国文化和社会环境的深入了解。例如,在"2+2"模式下,学生前两年在国内接受全面的专业基础教育,通过课堂学习、实验操作、社会实践等多种方式,逐步构建起坚实的学科知识体系。这样的基础对于学生未来无论是继续深造还是步入职场都至关重要。此外,国内阶段的学习还为学生提供了一个缓冲期,让他们逐渐适应大学生活,明确自己的职业规划和学术目标。在这段时间里,学生可以根据自己的兴趣和特长进行课程的选修,从而更精准地找到适合自己的发展路径。

(二)拓宽国际视野,增强跨文化交流能力

分段培养模式的第二个显著优势在于其国际化教育的特点。

学生在国内学习阶段结束后,将有机会前往国外高校继续深造。这一过程中,学生将置身于一个全新的文化环境,与来自世界各地的同学共同学习和生活。在国外学习阶段,学生不仅可以接触到不同的学术理念和研究方法,还能在实际生活中锻炼自己的跨文化交流能力。他们需要与来自不同文化背景的人进行有效沟通,这无疑会提升他们的语言能力和社交技巧。更重要的是,通过在国外的学习和生活,学生能够更深入地了解国际社会的运作方式,培养其全球视野和国际竞争力。这种经历不仅能让他们在学术上有所突破,还能为未来的职业生涯开辟更广阔的道路。

(三)提供更多选择与灵活性

分段培养模式的第三个好处是为学生提供了更多的选择和灵活性。在这种模式下,学生可以根据自己的兴趣和能力,在留学国家和高校的选择上拥有更大的自主权。例如,在"3+1"模式中,学生可以在完成国内三年的学习后,根据自己的专业兴趣和职业规划,选择前往与之相关领域有优势的国外高校进行最后一年的学习。这样的选择不仅有助于学生更深入地研究自己感兴趣的领域,还能让他们有机会接触到更多的学术资源和专业导师。此外,分段培养模式还允许学生在留学期间调整自己的学术方向或职业规划。通过在国外的学习和生活,学生可能会发现自己对某个领域产生了新的兴趣,或者意识到自己的某些技能更适合其他类型的职业。这种灵活性使得学生能够根据实际情况做出最有利于自己发展的决策。

二、联合培养与双学位项目

(一)联合培养:跨越国界的学术交流与深度融合

在当今全球化的时代,教育已经不再是单一、孤立的体系。联合培养,作为中外合作办学的一种重要模式,正成为越来越多高校的选择。这种模式允许学生充分利用两所高校的教育资源,实现文化交流的深化,以及学术研究的合作与创新,从而为学生提供一个更加全面和深入的学习体验。联合培养的核心价值之一是教育资源的共享与优化。国内高校经过数十年的积累,通常拥有扎实的专业基础和丰富的教学经验。这些高校在基础教育、专业教学以及实践操作等方面都有着独到的优势。而国外高校,尤其是那些世界知名大学,通常能提供先进的学术理念和研究方法。这些先进理念和方法往往代表了该领域的前沿,能够为学生提供更加广阔的视野和更加深入的思考。当这两大教育资源通过联合培养融合在一起时,学生便有机会在两种教育资源的互补中受益。他们不仅可以学到国内高校扎实的专业知识,还可以接触到前沿的学术思想,从而获得一个全方位、多角度的学习体验。

联合培养不仅仅是教育资源的共享,更是文化交流的深化。学生在两所高校间的自由流动,为他们提供了一个难得的机会,那就是深入体验不同的文化环境。在国内高校,学生可以感受到浓厚的中国传统文化氛围,学习到中华民族的价值观和道德观。而在国外高校,他们则可以亲身体验到西方的文化、价值观和生活方式。这种跨文化的学习经历,不仅有助于培养学生的国际视野,更能锻炼他们的跨文化交流能力。这对于那些有志于在国际舞台上发展的学生来说,无疑是一笔宝贵的财富。再者,联合培养还促进了学术研究的合作与创新。在这种模式下,不仅学生有机会进行跨国交流,两校的教师也得以开展更加紧密的学术合作。他们可以共同开展研究项目,针对某一学术领域进行深入的探讨和研究。通过互访交流、研讨会等方式,中外教师可以共同探讨学术前沿问题,分享各自的研究成果和经验。这种学术上的交流与合作,无疑会促进学术研究的创新与发展,为全球学术界带来更多的新鲜思想和观点。

(二)双学位项目:双重认证,双重保障

双学位项目意味着学生必须同时满足两所高校的学术标准,这无疑增加了学术的难度和深度。但正是这种挑战,使得学生的学术水平得到了双重认证。这种双重认证不仅代表了学生在专业领域内的扎实基础和深厚底蕴,更彰显了他们的学术实力和能力。这种认证,无疑提升了学生学历的含金量,使得他们在未来求职或继续深造时,能够拥有更加有力的学术背景作为支撑。与此同时,双学位项目还能促进学生语言能力的全面提升。由于需要在国外高校学习并参加考试,学生不得不面对外语的挑战。但正是这种挑战,促使他们不断提高自己的语言能力,不仅要熟练掌握外语,更要学会在不同文化背景下进行学术交流和生活。这种语言能力的提升,不仅增强了学生的沟通能力,更为他们的全面发展注入了新的活力。更为重要的是,双学位项目为学生提供了更广阔的发展机会。

在当今全球化的时代背景下,拥有国际化视野和跨文化交流能力的人才显得尤为珍贵。而双学位项目正是培养这类人才的摇篮。通过这一项目,学生不仅拥有了扎实的专业知识,还具备了与国际接轨的视野和能力。这些优势使得他们在求职过程中更容易

脱颖而出,无论是在国内还是国际市场,他们都能够获得更加广阔的发展机会。双学位项目,其实质是一种复合型、国际化的教育模式。它不仅仅是一个简单的学位叠加,更是一个全方位、多角度的能力提升过程。参与这一项目的学生,不仅能够获得学术上的双重认证,还能够在语言能力和跨文化交流方面得到全面的锻炼。这些经历的积累和能力的提升,无疑为他们未来的人生道路铺设了坚实的基石,也为他们的发展提供了无限的可能。因此,双学位项目不仅仅是一种教育模式,更是一种人生投资,一种对未来无限可能的探索和追求。

三、远程教育合作项目

(一)远程教育合作项目的诞生背景与特点

远程教育合作项目的出现,是互联网技术、教育全球化以及学习需求多样化等多方面因素共同作用的结果。传统的教育模式受到时间、空间的严格限制,而互联网技术则打破了这些束缚,使得教育资源能够以数字化的形式在全球范围内流通。中外高校敏锐地捕捉到了这一机遇,开始尝试通过互联网平台进行合作,共同开设在线课程和项目。这种新模式的特点主要体现在以下几个方面:首先,它突破了时空限制,学生可以在任何时间、任何地点进行学习,极大地提高了学习的灵活性和便捷性;其次,通过互联网平台,学生可以接触到更为丰富的国际教育资源,有助于拓宽他们的知识视野;最后,远程教育合作项目通常采用先进的教学方法和手段,如在线讨论、虚拟实验室等,这些都有助于提升学生的学习效果。

(二)远程教育合作项目的实施与挑战

在实施远程教育合作项目时,中外高校需要共同制订教学计划、设计课程内容,并利用互联网平台进行教学活动的组织和实施。同时,双方还需要建立有效的沟通机制,确保教学过程中的问题能够得到及时解决。此外,为了保证教学质量,高校还需要对学生的学习情况进行跟踪和评估,以便及时调整教学策略。然而,远程教育合作项目的实施也面临着诸多挑战。首先,由于文化背景和教育体系的差异,中外高校在教学理念和方法上可能存在分歧,这需要通过深入的沟通和协商来加以解决。其次,远程教育对技术的依赖性较高,一旦遇到技术问题或网络故障,就可能影响教学的顺利进行。此外,如何保证远程教育的质量和效果也是一大难题,需要高校不断探索和完善相关的教学方法和评价体系。

四、中外合作办学的发展状况

(一)高水平中外合作办学机构接连建立

中外合作办学在我国的教育领域中占据了重要的地位,其作用不仅体现在教育领域,更在服务国家外交大局、推动地方经济社会发展、满足人民群众多元化教育需求等多个方面都有显著的影响。首先,从服务国家外交大局的角度看,中外合作办学实际上搭建了一个国际文化交流与合作的桥梁。通过与国外知名高校的合作,不仅能够借鉴国外的教育理念和引进教育资源,更可以在这个过程中增强国与国之间的了解和友谊,为我国的外交事业奠定坚实的文化基础。在教育综合改革方面,中外合作办学起到了积极的推动作用。近年来,我国高等教育面临着从传统模式向现代化、国际化转变的重大任务。而中外合作办学正是这一转变中的关键力量。它不仅可以借鉴国外的先进教育模式和方法,还可以结合我国的实际情况,推动教育体制和教学方法的改革和创新。

其次,对于地方经济社会发展,中外合作办学同样发挥了不可或缺的作用。很多合作办学机构都设立在地方高校,这些高校通过与国外知名大学的合作,不仅提升了自身的教育水平,还为当地培养了大量的高素质人才。这些人才在毕业后,很多都选择留在当地工作,从而极大地推动了地方的经济社会发展。

此外,中外合作办学还满足了人民群众多元化的教育需求。随着我国经济的持续发展和人民生活水平的提高,越来越多的人开始追求高质量的教育资源。而中外合作办学正好提供了这样一个平台,使国内的学生能够在家门口就接受到国际化的教育,这无疑大大满足了人民群众对多元化教育的需求。值得一提的是,近十年来我国批准的中外合作办学机构中,985、211 等中方高校和全球 QS 排名前 200 的外方高校比例分别达到了 84% 和 61%。这组数据充分说明了中外合作办学的层次和水平在不断提升。同时,中外合作办学机构的文理科招生录取分数线也在逐年提升,这也从侧面反映了其教育质量的不断提高。更令人欣喜的是,中外合作办学机构的毕业生升学率超过了 60%,其中相当一部分学生更是前往世界排名前 50 的大学继续深造,这无疑是对中外合作办学教育质量的最好肯定。

(二)中外合作办学规模不断扩大

中外合作办学在我国高等教育领域已成为一种重要的教育模式,得到了广泛的推广和应用。目前,本科及以上学历层次的中外合作办学机构和项目已经近 1 400 个,这一数字充分展现了中外合作办学的蓬勃发展和广泛影响。在这些合作办学机构和项目中,在校生规模超过了 70 万人,他们在这里接受国际化的教育,拓宽视野,增强自身的综合素质。这些合作办学机构和项目涉及的合作对象非常广泛,涵盖了 40 多个国家和地区。这意味着,学生有机会接触到世界各地的教育资源,了解不同文化的知识和观念,培养自己的国际视野和跨文化交流能力。同时,这也显示了我国高等教育的开放性和包容性,愿意与世界各地的优秀教育资源进行合作和交流。在这些合作办学的高校中,有 800 余所外方高校和 550 多所中方高校参与其中。这些高校都是在各自领域内有着深厚学术积淀和教育资源的知名学府。这不仅提升了中外合作办学的教育质量,也为学生提供了更多的学习机会和资源。

这种合作模式,真正实现了资源共享和优势互补,对于提升我国高等教育的整体水平具有重要意义。此外,中外合作办学机构和项目涵盖的学科领域也非常广泛。它们包括了工学、农学、医学、经济学、法学、教育学等 10 多个学科,提供了 200 多个专业供学生选择。这样的学科设置,不仅满足了社会对于多元化人才的需求,也为学生提供了更多的专业选择和发展方向。无论是想要深入学习工程技术,还是对农业经济感兴趣,或者是希望从事医学、法律、教育等领域的工作,中外合作办学都能提供合适的教育资源和培养方案。

(三)引进资源质量持续提升

随着我国对外开放的不断深化,中外合作办学已成为推动高等教育国际化的重要途径。海南自由贸易港、粤港澳大湾区、长三角地区等作为我国经济最活跃、开放程度最高的区域,自然成为中外合作办学的创新试点。这些地区以独特的地理优势和政策环

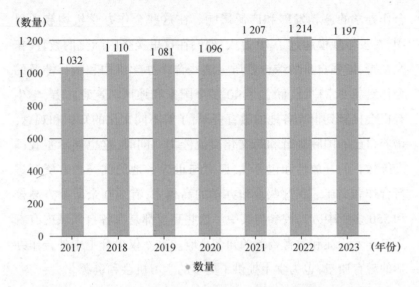

图 2-1　2017—2023 年我国本科及以上中外合作办学机构数量

境,吸引着世界各地的高校前来合作,共同探索教育国际化的新模式。在这样的背景下,上海、海南等地更是被赋予了特殊的政策,允许外国理工农医类高水平大学和职业院校在这些地方试点独立办学及办学项目备案制。这一政策的实施,无疑为国外高校进入中国市场提供了更大的便利,同时也为我国学生提供了更多元化的教育选择。与此同时,我国也在积极推进共建"一带一路"的国家和地区的合作办学。这种合作模式不仅有助于增进国家之间的教育交流,还能为"一带一路"建设提供有力的人才支撑。

　　通过合作办学,可以借鉴国外先进的教育理念并引进教育资源,提高我国高等教育的整体水平,同时也能为共建"一带一路"国家培养更多具有国际视野和专业技能的人才。在众多合作办学项目中,不乏一些"强强联合"的案例。比如深圳北理莫斯科大学、大连理工大学白俄罗斯国立大学联合学院等,这些项目都是我国高校与国外知名大学之间的深度合作。它们通过共享优质课程、优质师资和优质科研平台等资源,实现了实质性的合作,为我国培养了大量优秀人才。此外,像上海纽约大学、浙江大学爱丁堡大学联合学院等合作办学机构,也成了中外教育合作的典范。这些机构不仅借鉴了国外的教育理念和教育模式,还为我国学生提供了与世界接轨的教育环境。据统计,世界200强高校中,已有75%以上与我国开展了合作办学,而我国的"双一流"高校中,也有80%以上开展了合作办学。这些合作项目的成功举办,无疑为我国高等教育的国际化发展注入了新的活力。除了本科层次的合作办学外,我国还成立了70余个硕博层次的合作办学机构,与国外高校和科研机构组建高水平联合实验室。这些机构和实验室的建立,为我国培养高层次人才提供了重要的平台,同时也推动了我国科研水平的整体提升。

(4)"在地国际化"效果逐渐显现

随着中外合作办学的不断深入和拓展,一个涵盖不同办学层次、不同专业学科的"在地国际化"教育格局在我国初步形成。这一格局的形成,不仅丰富了我国的教育资源,也为国内学生提供了更多元化的国际教育选择,进一步满足了国内多样化的国际教育需求。在这个"在地国际化"的格局中,可以看到工学、农学、医学、经济学、法学、教育学等10多个学科的身影,这些学科涵盖了200多个专业,为学生提供了广阔的专业选择空间。无论是热衷于工程技术的学生,还是对农业、医学、经济法律或教育领域感兴趣的学生,都能在这个国际化的教育平台找到适合自己的发展方向。这一格局的形成,得益于我国高等教育与国际接轨的积极努力。通过与国外知名大学的合作办学,我国成功地引进了国外的优质教育资源,包括教育理念、丰富的课程内容和一流的师资队伍。这些资源的引入,极大地提升了我国高等教育的国际化水平,也使得中国学生在家门口就能接受到世界级的教育。

同时,"在地国际化"也为中国学生提供了更多元化的国际化路径选择。以前,想要接受国际化教育的学生可能需要出国留学,而现在,他们可以在国内就选择中外合作办学的项目,既能获得国际化的教育资源,又能节省出国留学的费用和时间成本。这种多元化的选择,无疑为中国学生提供了更多的发展机会和可能。此外,"在地国际化"还在一定程度上降低了国际环境不稳定带来的风险。在国际形势复杂多变的今天,出国留学可能会面临各种不确定性。而通过选择国内的中外合作办学项目,学生可以在相对稳定的国内环境中接受国际化教育,减少了因国际环境变化而带来的影响。可以说,"在地国际化"教育格局的形成是我国高等教育国际化的重要成果之一。它不仅提升了我国高等教育的整体水平,也为国内学生提供了更多、更好的教育选择。未来,期待这种"在地国际化"的教育模式能够继续深化和发展,为我国培养出更多具有国际视野和专业技能的优秀人才,为社会的进步和发展做出更大的贡献。同时,也希望这种教育模式能够进一步推动中外教育的交流与合作,增进国与国之间的了解和友谊,为世界的和平与发展贡献力量。

第二节　中外合作办学的类型与特点

一、中外合作办学的类型

(一)具有独立法人资格的中外合作大学

中外合作办学是我国教育领域中一种独特而重要的合作模式,旨在引进国外优质教育资源,提升国内教育水平,培养具有国际化视野和竞争力的人才。这种办学模式通常分为三种类型:独立法人中外合作办学机构、非独立法人中外合作办学机构和中外合作办学合作举办项目。首先,来关注具有独立法人资格的中外合作大学。这类大学通常是由中外双方共同投资兴办,具有独立法人资格,享有高度的办学自主权和独立性。它们通常拥有独立的校园、教学设施和师资队伍,能够按照国际标准和模式进行课程设置和教学管理。这些大学往往以培养国际化人才为目标,注重学生的综合素质和创新能力的培养,提供多元化的教育服务和文化交流机会。

在我国,已经有多所具有独立法人资格的中外合作大学成功创办并得到了社会的广泛认可。例如,西交利物浦大学、昆山杜克大学、宁波诺丁汉大学等,它们都是由国内知名高校与国外优秀大学合作创建的,拥有先进的办学理念、教育模式和教育资源,为我国的高等教育注入了新的活力和动力。以宁波诺丁汉大学为例,它是由浙江万里学院和英国诺丁汉大学合作创办的,是中国第一所引进世界一流大学优质教学资源、具有独立法人资格和独立校园的中外合办大学。该校采用全英文教学,课程设置和教学方式与国际接轨,学生可以获得与英国诺丁汉大学本部相同的学位证书。这种合作模式不仅开拓了学生的国际化视野,提高了学生的语言能力,还为他们提供了更广阔的发展空间和机会。这些合作办学模式也在我国的高等教育领域中发挥着重要作用。

非独立法人中外合作办学机构通常是由国内高校与国外高校或教育机构合作创建的二级学院或项目,它们在一定程度上共享资源、共同管理,但并不具备独立法人资格。而中外合作办学合作举办项目则是指国内高校与国外高校或教育机构共同举办的特定教育项目,如双文凭项目、海外单文凭合作办学项目等。

(二)不具有独立法人资格的中外合作办学机构

不具有独立法人资格的中外合作办学机构,通常被称为二级学院,是我国高等教育领域中一种特殊的合作模式。这种合作模式主要是由国内的高等教育机构与国外的高等教育机构、企业、组织或个人签署合作办学协议,并根据协议内容共同开办。这类中外合作办学机构的特点在于它们不是独立的法人实体,而是依托于中方高校运作,由中方高校具体负责组织办学活动,包括招生、教学、管理等方面。同时,这些机构也负责培养学生并颁发国内高校的学位证书。这种合作模式相对灵活,允许国外高校利用中方高校的资源优势和现有设施,开设合作课程及项目,从而为学生提供更为国际化的教育环境和学习资源。不具有独立法人资格的中外合作办学机构通常以两种形式存在:一种是国际学院建制,将相近的学科专业纳入一个学院进行管理;另一种是专业学院建制,即在原来的学科基础上,部分专业以中外合作办学的方式进行。

具体采取哪种形式,取决于学校的国际化水平、管理架构以及中外合作办学的定位等因素。这种合作办学模式有利于推动高等教育的国际化进程,创新高等教育的合作模式,并促进学科、课程和教学方式的改革。对于学生而言,这种合作模式提供了更为灵活的学习模式和更加多样化的选课及学习机会。同时,由于颁发的是国内高等教育学位证书,留学回国的流动也变得更加顺畅,有助于形成更为稳定和可持续的留学回流人才流动体系。然而,这种合作模式也存在一些挑战和问题。例如,如何确保教学质量和学术水平与国际接轨,如何平衡中外双方的教学理念和管理模式等。因此,在选择这类合作办学机构时,学生和家长需要谨慎评估其教学质量和学术声誉。

(三)不具有独立法人资格的中外合作办学项目

不具有独立法人资格的中外合作办学项目,是指中方教育机构与外方教育机构在高等教育领域内开展的合作项目,这些项目通常不设立独立的法人实体,而是作为中方教育机构的一个组成部分来运作。这种项目合作模式灵活多样,旨在引进国外的教育资源,结合国内的教育需求,共同培养出具有国际视野和专业技能的复合型人才。这类合作办学项目的特点在于其紧密依托中方高校的教育资源和教学体系,同时借鉴和吸收外方高校先进的教育理念、教学方法和课程内容。通常由双方共同制订项目培养计划,确定课程设置,并由双方教师共同承担教学任务。通过这种方式,学生可以在国内就能接受到国际化的教育,感受不同文化背景下的学术氛围,为未来的职业发展打下坚实的基础。不具有独立法人资格的中外合作办学项目优势显著。首先,它为学生提供了更加广阔的学习平台,学生可以在国内就能接触到国际前沿的学术知识和实践技能,无须出国就能享受到国际化的教育资源。其次,这种项目合作模式有助于推动中方高校的教学改革和学科创新。

通过借鉴外方高校的教学理念和方法,项目可以激发中方教师的教学热情和创新精神,从而提升整体教学质量。最后,这类项目还为国内学生提供了更多的升学和就业机会。通过与国际接轨的教学内容和培养方式,学生可以获得更加全面的发展,提高自身的竞争力。

二、中外合作办学的特点

(一)国际化教育资源

1. 国际化课程与教材资源的整合

中外合作办学的一个重要环节就是课程和教材的国际化。国内教育机构通过与国外知名教育机构的紧密合作,得以引进一系列国际化的课程体系。这些课程往往融合了国际先进的教育理念,内容既具有前瞻性,又符合当前社会经济发展的实际需求。课程设置的国际化:在合作办学项目中,课程设置不再局限于传统的、单一的学科框架,而是更加注重跨学科、综合性的课程设计。这样的课程设置能够帮助学生建立更为全面的知识体系,培养其多维度、多角度地思考问题的能力。教材选用的国际化:教材是学生学习的重要工具,也是知识传递的媒介。中外合作办学中,通常会选择与国际接轨的教材,这些教材不仅内容丰富、信息量大,而且更新速度快,能够确保学生及时接触到前沿的学术成果。通过课程和教材的国际化,中外合作办学项目成功地将国际教育资源融入日常教学中,使学生在国内就能接受到与国际水平接轨的教育。

2. 外籍教师的引入与教学方式的革新

外籍教师的引入是中外合作办学中的又一大亮点。这些外籍教师不仅带来了新的教学方式,也为学生提供了与国际接轨的学习环境。外籍教师的教学风格:外籍教师通常具有开放、互动的教学风格,他们鼓励学生积极参与课堂讨论,发表自己的观点。这种教学方式极大地激发了学生的学习热情和创造力,使课堂氛围更加活跃。教学方式的革新:外籍教师的引入还带来了教学方式的革新。他们通常会采用项目式学习、团队合作、案例分析等多元化的教学方法,这些方法不仅提高了学生的学习兴趣,还培养了他们的实践能力和团队协作精神。外籍教师的引入和教学方式的革新,使学生在接受知识的同时,也锻炼了他们的综合能力,为他们未来的职业发展奠定了坚实的基础。

3. 国际化人才的培养与全球视野的拓展

通过国际化教育资源的融合,合作办学项目为学生提供了更加广阔的发展空间。通过引进国际化的课程和教材、聘请外籍教师授课、开展国际交流与合作等方式,项目成功地为学生打造了一个多元化的学习环境,使他们在学习过程中不断拓宽自己的国际视野,增强跨文化交流的能力。中外合作办学项目还鼓励学生走出国门,参与国际交流与实习活动。这些活动不仅帮助学生深入了解不同国家的文化、历史和社会制度,还为他们提供了与国际同行交流与学习的机会。通过这些活动,学生的全球视野得到了极大的拓展,为他们未来的职业发展奠定了坚实的基础。

(二)教学模式

1. 灵活多样的教学模式

中外合作办学在教学模式上展现出了其独特的灵活性和多样性。这种特性源于合作项目本身的差异性和教育资源的国际化融合,使得教学模式不再拘泥于传统的单一形式。全日制、非全日制以及在线教育等多元化的教学模式,正是中外合作办学在教学上的重要创新和突破。全日制教学模式是中外合作办学中最为常见和传统的形式。在这种模式下,学生可以全身心地投入到学习中,享受校园生活和学术氛围。全日制教学不仅提供了系统的课程学习和丰富的学术资源,还为学生创造了与同龄人交流、合作的机会,有助于培养他们的团队协作能力和社交技巧。然而,中外合作办学并没有止步于全日制教学模式,而是进一步拓展了非全日制和在线教育等更为灵活的教学方式。非全日制教学模式为那些需要在工作、家庭和其他社会活动中寻找平衡的学生提供了极大的便利。这种教学模式允许学生根据自己的时间安排进行学习,无需放弃其他重要的事务,真正实现了学习与生活的和谐统一。与此同时,随着网络技术的飞速发展,在线教育在中外合作办学中占据了越来越重要的地位。在线教育打破了时间和空间的限制,让学生可以在任何时间、任何地点进行学习。这种教学模式不仅为学生提供了更为自主的学习方式,还通过丰富的在线资源和互动平台,增强了学习的趣味性和实效性。灵活多样的教学模式为中外合作办学注入了新的活力,也为学生提供了更多的学习选择。学生可以根据自身的兴趣、能力和需求,选择最适合自己的学习方式,从而实现个性化的学习安排。这种教学模式的灵活性不仅体现在学习时间和地点的选择上,更体现在课程内容和教学方式的多样性上。中外合作办学通过引进国际化的课程资源和教学方法,为学生打造了一个多元化、个性化的学习环境。

2. 理论与实践相结合的教学方法

中外合作办学不仅在教学模式上展现出灵活性和多样性,还在教学方法上注重理论与实践的结合。这种教学方法的转变,旨在培养学生的实际操作能力和创新思维,使他们在掌握理论知识的同时,也具备解决实际问题的能力。在传统的教育模式中,理论教学往往占据主导地位,而实践教学则被视为辅助手段。然而,在中外合作办学中,理论教学与实践教学被置于同等重要的地位。在这些实践活动中,学生可以将所学的理论知识应用于实际操作中,从而加深对知识的理解和应用。除了实践教学外,中外合作办学还鼓励学生参与科研项目和学术研究。通过与国外知名大学和研究机构的合作,学生有机会接触到前沿的科研成果和先进的实验设备,从而培养他们的科研素养和创新能力。这种理论与实践相结合的教学方法,不仅提高了学生的学术水平,还为他们未来的职业发展奠定了坚实的基础。理论与实践相结合的教学方法,是中外合作办学在教学模式上的又一重要创新。它通过实践教学和参与科研等方式,培养了学生的实际操作能力和创新思维,使他们在学习过程中能够不断地将理论知识与实际应用相结合。这种教学方法的转变,不仅提升了教学效果和质量,还为学生未来的职业发展提供了有力的支持。

3. 教学效果与质量的提升

中外合作办学通过灵活多样的教学模式和理论与实践相结合的教学方法,显著提升了教学效果和质量。全日制、非全日制、在线教育等多元化的教学模式满足了不同学生的学习需求,激发了他们的学习兴趣和积极性。同时,实践教学和科研参与的融入,使学生在实际操作中深化了对理论知识的理解,提高了他们的实践能力和创新思维。国外知名教育机构的优质课程和教材、外籍教师的专业授课以及与国际接轨的教学方式等,都为学生提供了与国际水平接轨的教育体验。此外,中外合作办学还注重教学质量的评估和监控。学校会定期对教学质量进行评估和总结,及时调整教学策略和方法,以确保教学效果和质量达到预期目标。同时,学校还鼓励学生参与到教学评价中,收集他们的反馈和建议,以便更好地满足学生的学习需求和期望。

(三) 严格的教学质量监控

1. 教学评估与监控体系的建立

中外合作办学项目深知教学质量是其存在和发展的生命线,因此建立了一套严格的教学质量监控机制。这一机制的建立,旨在确保教学质量的一致性和标准化,从而为学生提供最优质的教育服务。合作项目会针对每一门课程、每一位教师以及每一个教学环节,设定明确的质量标准和评估指标。这些标准和指标不仅涵盖了教学内容的深度和广度、教学方法的创新性和有效性,还包括了学生的学习效果、学习态度和学习成果等多个方面。教学评估是这套监控机制的核心环节。合作项目会定期进行教学评估,对教师的教学质量、学生的学习效果等方面进行全面评价。评估过程中,会采用多种评价工具和方法,如学生问卷调查、教师自评、同行评议等,以确保评估结果的客观性和准确性。同时,评估结果会及时反馈给教师和学生,以便他们了解自身在教学和学习过程中存在的问题和不足,从而进行针对性的改进和提升。

2. 国内外专家的教学督导与评估

为了进一步提高教学质量,中外合作办学项目还会邀请国内外知名教育专家进行定期的教学督导和评估。这些专家具有丰富的教育经验和深厚的学术背景,他们能够对合作项目的教学质量进行深入的剖析和评价,提出宝贵的改进意见和建议。国内外专家的教学督导和评估主要从两个方面进行:一是对教师的教学水平、教学方法和教学效果进行评价;二是对合作项目的教学管理、课程设置和教学资源等方面进行评估。通过专家的督导和评估,合作项目可以及时发现并解决教学中存在的问题,不断提高教学质量,确保教学质量达到国际标准。同时,合作项目还会根据专家的意见和建议,对教学内容、教学方法和教学手段进行持续的改进和创新。例如,借鉴先进的教学理念和引入技术手段,优化课程设置和教学计划,加强实践教学和科研训练等方面的内容,以提升学生的综合素质和实践能力。

3. 教学质量的持续改进与提升

通过严格的教学质量监控机制以及国内外专家的教学督导和评估,中外合作办学项目能够及时发现并解决教学中存在的问题和不足。针对这些问题和不足,合作项目会制定具体的改进措施和方案,并进行持续的跟踪和评估,以确保教学质量得到持续的改进和提升。针对教学中存在的问题和不足,合作项目会组织教师进行深入的研讨和交流,共同寻找解决问题的方法和途径。同时,合作项目还会邀请国内外知名教育专家进行指导和帮助,以提高教师的教学水平和专业素养。合作项目会加强实践教学和科研训练等方面的内容。通过实践教学和科研训练,学生可以更好地理解和掌握所学知识,提高实践能力和创新思维。同时,实践教学和科研训练还可以促进学生的团队协作和沟通能力等方面的提升。最后,合作项目还会加强与国内外高校和企业的合作与交流。同时,合作项目还可以为学生提供更多的就业和实习机会,提高他们的职业素养和就业竞争力。

（四）跨文化交流的平台

1. 优质教育资源与国际视野的拓展

中外合作办学作为一种特殊的教育形式，为学生带来了前所未有的学习机会。这种办学模式不仅引进了国外优质的教育资源，包括教学理念、丰富的课程体系以及一流的师资队伍，还为学生打开了一扇通向国际舞台的大门。通过参与中外合作办学项目，学生能够接触到更广阔的知识领域，体验到更多元化的教育方式，从而极大地拓宽了他们的国际视野。优质教育资源的引入，使得学生在学习本专业知识的同时，能够领略到国际前沿的学术动态，提升他们的专业素养和综合能力。而国际视野的拓展，则帮助学生跳出传统的思维框架，以更加开放和包容的心态看待不同文化和观念，为他们的全面发展奠定了坚实基础。

2. 跨文化交流的平台与实践

中外合作办学项目的一个重要特色，就是为学生搭建了一个跨文化交流的平台。在这里，学生有机会与来自不同文化背景的同学和教师进行深入的交流和学习。这种交流不仅仅是语言上的沟通，更是文化、价值观和思维方式的碰撞与融合。通过与国外学生的日常互动，学生可以更直观地了解不同文化背景下的生活习惯、社会习俗和思维方式。这种跨文化的实践经验，不仅有助于培养学生的沟通能力和团队协作能力，还能增强他们对多元文化的理解和尊重。同时，与国外教师的交流也为学生提供了难得的学习机会，他们可以从中汲取国际化的教育理念和教学方法，进一步提升自己的学术水平和综合素质。

3. 跨文化交流经验对未来职业发展的意义

中外合作办学项目所提供的跨文化交流经验，无疑为学生未来的职业发展奠定了坚实基础。这种经验不仅让学生在国际化的工作环境中游刃有余，还使他们在面对国际合作项目时能够迅速融入并取得成功。首先，跨文化交流经验能够提升学生的沟通能力和团队协作能力，这是现代职场中不可或缺的素质。无论是在国内还是国外企业，能够与不同文化背景的人有效沟通并协同工作，都是职业发展的重要加分项。其次，这种经验也有助于学生更好地理解和适应国际化的商业环境。他们能够更加敏锐地捕捉到不同文化背景下的商业机会和挑战，从而在职场中脱颖而出。最后，中外合作办学项目所培养的国际视野和跨文化交流能力，还为学生提供了更多的职业选择和发展空间。他们不仅可以在国内企业中发挥重要作用，还可以在国际舞台上大展拳脚，为我国的对外开放和国际合作贡献力量。

（五）促进教育创新和改革

1. 推动国内教育创新与改革

中外合作办学，作为教育国际化的一个重要途径，为国内教育带来了新的活力和创新机遇。这种合作模式让学生有机会接触到国外的教育理念，从而为我国教育的创新和改革提供了有力的支撑。通过与国外教育机构的紧密合作，学生能够更加直观地了解和借鉴其在教育领域的最新实践。例如，国外教育机构往往更加注重培养学生的批判性思维、团队合作能力和实践能力，这些都是可以借鉴和学习的。将这些教育理念融入教育体系中，不仅可以提升教育质量，还能培养出更具有国际竞争力的人才。同时，中外合作办学也推动了教学方法的改革。传统的教学方式往往注重知识的灌输,而忽视了学生的主体地位和个性发展。通过与国外教育机构的合作,可以引入更多元化、互动式的教学方法,如项目式学习、情境教学等,从而激发学生的学习兴趣和创造力。

2. 促进国内外学术交流与合作

中外合作办学不仅是一个教育教学的过程,更是一个学术交流与合作的平台。通过与国外教育机构的合作,可以邀请优秀的学者和专家来到国内进行学术交流,同时也可以派遣的教师和学生到国外进行学习和研究。这种双向的学术交流与合作,不仅能够提升我国教育的国际影响力,还可以为我国培养出更多的国际化人才。此外,通过与国外教育机构的合作,还可以共同开展科研项目,推动学术研究的深入发展。值得一提的是,中外合作办学还为我国教育机构与国外教育机构之间建立了长期稳定的合作关系。这种合作关系的建立,不仅有助于教育资源的共享和优化配置,还可以推动我国教育的国际化发展。

3. 推动我国教育国际化发展

中外合作办学作为我国教育国际化的重要手段之一,其意义不仅在于引进国外的教育资源,更在于推动我国教育的国际化发展。首先,中外合作办学为我国培养了大量的国际化人才。这些学生不仅熟悉国内的教育体系和文化背景,还具备了国际化的视野和竞争力。他们将成为我国参与国际竞争与合作的重要力量。其次,中外合作办学也提升了我国教育的国际认可度。通过与国外知名教育机构的合作,可以借助其品牌效应和资源优势,提升我国教育的国际影响力和竞争力。这将有助于我国教育走向世界舞台的中央。最后,中外合作办学还推动了我国教育体制的完善和创新。通过与国外教育机构的交流与合作,可以不断借鉴新的教育理念和教学方法,推动我国教育体制的改革和创新。这将为我国教育的长远发展注入新的活力和动力。

(六)培养人才

1. 引进国外优质教育资源与教学理念

中外合作办学的一个重要目标,就是引进国外优质的教育资源和借鉴先进的教学理念。这种引进和借鉴并不是简单的照搬,而是结合国内的教育实际进行有针对性的选择和融合。通过这种方式,可以为学生提供一种全新的、国际化的学习体验。国外优质的教育资源包括但不限于丰富的课程体系、先进的教学方法、优秀的师资队伍等。这些资源的引入,使得教育内容更加丰富多元,教学方法更加灵活多样。同时,国外的教学理念也提供了新的视角和思考方式,有助于打破传统的教学框架,探索更加符合学生发展需求的教学模式。在引进国外教育资源和借鉴教学理念的过程中,还需要注意与国内教育实际的结合。这就要求在借鉴和学习的基础上,进行本土化的改造和创新,以确保这些资源和理念能够在国内的教育环境中生根发芽,真正为学生带来实质性的帮助。

2. 提供全面深入的学习体验

中外合作办学通过引进和借鉴国外优质教育资源和教学理念,结合国内教育实际,为学生提供了一种全面深入的学习体验。这种学习体验不仅注重学生专业知识的积累,还强调学生综合素质的培养和国际视野的拓展。在专业知识方面,中外合作办学引入了国外的课程体系和教学内容,使学生能够接触到更加前沿的学术成果和行业动态。同时,通过与国外教师的交流和互动,学生还可以了解到不同文化背景下的学术观点和研究方法，从而拓宽他们的知识视野。在综合素质方面，中外合作办学注重培养学生的批判性思维、创新能力和团队协作能力等。通过参与各种实践活动和项目式学习，学生可以锻炼自己的实际操作能力和解决问题的能力。此外，与国外学生的交流和互动也有助于提升学生的语言表达能力和跨文化交流能力。

3. 培养具有国际视野和跨文化交流能力的优秀人才

中外合作办学的最终目标，是培养具有国际视野和跨文化交流能力的优秀人才。这种人才不仅具备扎实的专业知识，还具备良好的语言表达能力和跨文化交流能力，能够更好地适应全球化的工作环境和挑战。具有国际视野的人才能够站在全球的高度来看待问题，了解不同国家和地区的文化背景和社会发展状况，从而更好地适应多元化的工作环境。同时，他们还能够敏锐地捕捉到国际市场的变化和机遇，为企业的国际化发展提供有力的支持。具备跨文化交流能力的人才则能够在国际交流中发挥重要作用。他们能够与不同文化背景的人进行有效的沟通和合作，避免因文化差异而产生的误解和冲突。这种能力在国际贸易、外交、文化交流等领域具有广泛的应用价值。为了实现这一目标，中外合作办学在课程设置、教学方法、师资队伍等方面都进行了精心的设计和安排。通过引入国际化的课程体系和借鉴先进的教学方法，以及聘请具有丰富国际教学经验的教师，中外合作办学为学生提供了一个高质量的国际化教育平台。在这个平台上，学生可以接触到前沿的学术成果和行业动态，提升自己的专业素养和综合能力。这些经历和收获将使他们成为具有国际竞争力的优秀人才，为全球化时代的发展做出积极的贡献。

第三章 中外合作办学的教学与管理

第一节 中外合作办学的教学体系

一、教学体系构建的基础

在全球化的大背景下,中外合作办学的教学体系显得尤为独特和重要。这种教学体系不仅根植于国际化的教育理念,还充分体现了现代化、创新性和实践性的特点。通过中外合作办学,中西方教育理念在这里得到了有机的融合,这种融合不是简单的相加,而是一种深度的整合,旨在为学生提供更为开阔的视野和更为丰富的学习资源。该教学体系十分注重学生综合素质的培养。在课程设置上,不仅强调专业知识的传授,还注重学生人文素养的提升。通过多样化的教学方式,如小组讨论、案例分析等,激发学生的学习兴趣,培养他们的团队协作能力和批判性思维。同时,这一教学体系也着重于职业能力的培养。在当前这个快速变化的时代,具备强大的职业能力是每个学生走向社会的必备条件。中外合作办学的教学体系通过实践课程、企业实习等多种方式,让学生在真实的工作环境中学习和成长,使他们能够更好地适应未来的职业生涯。

二、教学模式的多样性

(一)双语教学模式

中外合作办学中的双语教学模式,已经成为其独特的教学特色之一。这种教学模式旨在培养学生具备全球化背景下的综合能力,使他们不仅掌握专业知识,还能在国际交流中游刃有余。在双语教学的课堂上,教师会灵活运用中外教材和教学资源,这不仅限于纸质教材,还包括多媒体资源、网络资料等,从而为学生提供一个多元化的学习环境。教学过程中,教师会根据课程内容和学生需求,切换使用中文和外文,以确保学生在理解专业知识的同时,也能提高外语水平。这种双语教学模式不仅要求学生具备较好的语言基础,还鼓励他们在课堂上积极参与讨论和互动。通过这种方式,学生语言的听说读写能力得到了全面的锻炼。此外,双语教学还注重培养学生的独立思考和创新能力。教师会设置开放性的问题,鼓励学生从不同的角度思考,提出自己的见解,并通过小组讨论、案例分析等方式,激发学生的创新思维。值得一提的是,双语教学并非只是简单的语言教学,它更强调在专业知识的学习中融入语言技能的培养。这样,学生在掌握专业知识的同时,也能在外语交流中游刃有余,为未来的国际交流和职业发展打下坚实的基础。

(二)引入国际课程体系

随着我国教育的不断开放与国际化的深入,合作办学项目成为越来越多学校和教育机构的选择。这种合作模式不仅为我国学生提供了更为广阔的学术视野,还促进了国内教育与国际教育的交流与融合。其中,引入国际课程体系是合作办学项目中的一个亮点。合作办学项目通常会积极地引进国际先进的课程体系和教材。这些教材和课程经过全球范围内的实践和检验,具有很高的教育价值和实用性。通过这些国际课程体系,学生可以更加直观地了解到国际前沿的学术理论和知识,进而培养他们的全球意识和跨文化交流能力。当学校决定引入某一国际课程体系时,它会根据自身的教育理念、师资力量和教学资源,以及学生的实际需求来进行筛选,不是盲目追求国际课程,而是要找到与学校自身特点和发展目标相契合的课程体系。这样,既能确保教育教学质量的提升,又能真正为学生的全面发展提供有力的支撑。同时,引入国际课程体系并不是一成不变的"拿来主义"。学校需要结合自己的实际情况,对引进的课程进行适当的调整和优化,以确保其更好地融入学校的整体教学体系中。在实施过程中,学校还会对课程效果进行定期的评估,及时发现问题并进行调整,确保课程的质量与效益。

三、教学资源的共享与交流

(一)教学资源

在中外合作办学的教学体系中,教学资源的共享与交流无疑是最为突出的特点之一。这一特点的实现得益于中外双方的深入合作与共同努力。中外合作办学项目通常会引进国际课程体系和教材,这些教材往往融合了国际前沿的学术理论和知识,具有很高的教育价值和实用性。通过引进这些优质的国际教学资源,学校可以为学生提供更加多元化和全球化的教学内容,从而拓宽学生的学术视野,培养他们的全球意识和跨文化交流能力。同时,中外合作办学项目还促进了中外教师之间的交流与合作。在这种模式下，中外教师可以共同参与教学活动，共同设计课程和教学计划，为学生提供多元化的教学方法和教学资源。中方教师和外方教师在教学活动中相互学习、相互借鉴，中方教师能够传授中国的专业知识和经验，同时学习和借鉴外方教师的教学理念和方法。这种交流与合作不仅提升了教师的教学水平，也为学生提供了更优质的教学服务。

（二）中方教师的教学与成长

在中外合作办学的教学体系中，中方教师扮演着举足轻重的角色。他们不仅传授中国的专业知识和经验，还是连接中外教学理念的重要桥梁。中方教师通常具有深厚的专业背景和丰富的教学经验，能够为学生提供扎实的专业知识和实践技能。同时，他们通过与外方教师的交流与合作，不断学习和借鉴先进的国际教学理念和方法，从而提升自己的教学水平和能力。中方教师在与外方教师的合作过程中，也面临着一定的挑战。由于中外教育理念和教学方法的差异，中方教师需要不断调整自己的教学方式，以适应国际化的教学环境。这种挑战同时也带来了机遇，它促使中方教师不断更新教育观念，提升教学能力，从而为学生提供更优质的教学服务。此外，中方教师还承担着传承和弘扬中华文化的重任。在中外合作办学的教学体系中，中方教师需要通过自己的教学和实践，让学生更好地了解和认识中国的文化和历史，培养他们的文化自信和民族自豪感。

（三）外方教师的教学与贡献

外方教师在中外合作办学的教学体系中同样发挥着不可替代

的作用。他们通常能够为学生提供国际化的教学资源和视野。通过与中方教师的合作与交流，外方教师能够更好地了解中国学生的学习需求和特点，从而为他们提供更精准、更有效的教学服务。在合作过程中，外方教师也面临着一定的挑战和机遇。他们需要适应中国的教育环境和学生特点，不断调整和完善自己的教学方式和方法。同时，他们也将自己的教学理念和经验带到中国，与中方教师共同探索和创新教育模式和方法。外方教师的到来，不仅为学生带来了国际化的教学资源和视野，也为中方教师提供了学习和借鉴的机会。他们的参与和贡献，对于提升中外合作办学的教学质量和水平具有重要意义。

四、实践教学环节的重要性

（一）实践教学的重要性

在中外合作办学的教学体系中，实践教学的地位不容忽视。传统的课堂教学往往侧重于理论知识的传授，而实践教学则更加注重学生实际操作能力和问题解决能力的培养。通过实践教学，学生可以亲身参与实际操作，将所学知识运用到实践中去，从而加深对知识的理解和掌握。同时，实践教学还能帮助学生培养团队协作精神、创新思维和解决实际问题的能力，这些都是未来职场中不可或缺的重要素质。实践教学与理论教学相辅相成，二者缺一不可。理论教学为学生提供了系统的知识体系，而实践教学则将这些知识转化为实际操作能力，使学生在面对实际问题时能够迅速找到解决方案。因此，在中外合作办学的教学体系中，实践教学与理论教学并重，共同构成了完整的教育体系。

（二）实践教学的实施方式

学校为了落实实践教学环节,会积极寻求与企业、行业等的合作,共同建立实践教学基地。这些基地不仅为学生提供了实习、实训等机会,还为他们创造了一个真实的工作环境,使他们能够亲身体验职场氛围,了解行业发展的最新动态。在实践教学基地,学生会参与各种实际项目,通过团队协作完成实际任务。这种教学方式不仅能够锻炼学生的实际操作能力,还能培养他们的团队协作精神和创新意识。同时,通过与企业和行业的紧密合作,学校还能及时了解市场对人才的需求变化,从而调整教学计划和课程设置,确保教育教学的针对性和实效性。除了建立实践教学基地外,学校还会通过其他方式来丰富实践教学的形式和内容。例如,邀请具有丰富实践经验的行业专家来校授课或举办讲座,为学生提供与行业内人士交流互动的机会;组织学生参加各类技能竞赛和创新创业活动,激发他们的创新精神和竞争意识等。这些措施都有助于提升实践教学的质量和效果。

（三）实践教学的效果与评估

实践教学的效果是显而易见的。通过实践教学,学生可以更加直观地理解和掌握所学知识,将理论与实践相结合,提高自己的职业技能和综合素质。同时,实践教学还能帮助学生发现自己的兴趣所在和潜在能力,为未来的职业规划提供有益的参考。为了评估实践教学的效果,学校会建立一套完善的评估体系。这套体系通常包括学生自评、教师评价、企业评价等多个方面。通过对学生在实践过程中的表现进行全面评估,学校可以及时了解实践教学的成果和不足,从而有针对性地进行改进和优化。同时,学校还会对实践教学基地进行定期评估和调整。通过与企业和行业的深入合作与交流,学校可以更加准确地把握市场对人才的需求和期望,从而不断完善实践教学基地的建设和管理。这将有助于提升实践教学的质量和水平,为学生的全面发展提供有力保障。

五、教学质量监控与评估

(一)教学质量的全面监控

在中外合作办学的教学体系中,对教学质量的全面监控是首要任务。这包括了对教学大纲、课程设置、教学方法、教材选用等各个教学环节的细致把控。学校会设立专门的教学质量监控部门或委员会,负责制定和执行教学质量监控的政策和程序。这些程序通常涵盖了定期的教学检查、学生反馈机制的建立,以及教学效果的定期评估等。全面监控还意味着对每一个教师的教学活动进行观察和评价。这通常通过课堂观摩、教案检查、学生作业和考试的分析等多种方式进行。此外,学校还会利用现代信息技术手段,如教学管理系统,实时监控学生的学习进度和成绩,以便及时发现问题并进行调整。

(二)教学质量的多维度评估

除了全面监控,中外合作办学的教学体系还强调对教学质量的多维度评估。这种评估不仅关注学生的学习成果,还包括教师的教学效果、课程设置的合理性以及教学资源的利用效率等方面。学生学习成果的评估通常通过考试、作业、项目完成情况和课堂参与度等多种方式进行。这些评估不仅能够反映学生对知识的掌握程度,还能帮助教师了解学生的学习特点和需求,从而调整教学策略。同时,教师的教学效果也是评估的重点。这通常通过学生评价、同行评价和专家评价等多种途径来实现。这些评价不仅关注教师的教学态度和技能,还注重教师的教学创新和对学生学习积极性的激发能力。此外,课程设置的合理性和教学资源的利用效率也是评估的重要内容。学校会定期审查和调整课程体系,以确保其与时俱进并满足学生的学习需求。同时,学校还会对教学资源,如教室、实验室、图书馆等的使用情况进行评估,以确保资源的有效利用和不断更新。

(三)国内外专家的定期评估与指导

为了不断提高教学水平,中外合作办学的教学体系还注重邀请国内外专家进行定期的教学评估和指导。这些专家通常具有丰富的教育经验和深厚的学术背景,他们能够为学校提供宝贵的教学建议和改进方案。国内外专家的评估通常包括课堂教学观摩、与教师和学生的深入交流以及对教学文档的详细审查等环节。通过这些评估,专家能够全面了解学校的教学状况,并针对存在的问题提出具体的改进意见。同时,专家还会为学校提供教学指导,帮助教师提升教学技能和创新教学方法。这种指导可以是一对一的辅导,也可以是集体研讨会或工作坊的形式。通过这些指导活动,教师能够学习到最新的教育理念和教学技巧,从而更好地服务于学生的学习和发展。

六、学生综合能力培养

(一)创新精神的培养

在中外合作办学的教学体系中,创新精神被视为学生必备的核心素养之一。为了培养学生的创新精神,学校首先从课程设置入手,引入一系列创新课程和实践项目。这些课程和项目旨在激发学生的创新思维,鼓励他们勇于尝试、敢于挑战传统观念。通过解决实际问题或开展科学研究,学生能够在实践中不断探索新的思路和方法,从而培养出独特的创新思维和解决问题的能力。此外,学校还为学生提供了丰富的创新资源和平台。例如,建立创新实验室、创业孵化器等,鼓励学生参与各种创新竞赛和科研项目。这些平台和资源不仅为学生提供了展示自己创新能力的机会,还能够帮助他们建立自信,激发更深层次的创新潜力。

(二)实践能力的提升

中外合作办学的教学体系非常重视学生实践能力的培养。学校通过与企业、行业等合作,为学生提供丰富的实习、实训机会。在这些实践活动中,学生能够将所学理论知识应用于实际工作中,从而加深对专业知识的理解,并提升自己的职业技能。为了更有效地提升学生的实践能力,学校还采取了一系列创新的教学方法。例如,引入项目式学习,让学生在解决实际问题的过程中掌握相关知识和技能;开展案例教学,通过分析真实案例来提升学生的分析和解决问题的能力;实施翻转课堂等教学模式,鼓励学生在课前自学、课中讨论和课后实践的过程中不断提升自己的实践能力。通过这些实践教学活动和教学方法的创新,中外合作办学的教学体系成功地帮助学生将理论知识与实践相结合,提升了他们的实践能力,并为他们未来的职业发展奠定了坚实的基础。

(三)团队合作精神的培养

团队合作精神是现代社会不可或缺的重要素质。在中外合作办学的教学体系中,学校非常重视学生团队合作精神的培养。通过各种团队项目和小组活动,学生学会了如何在团队中发挥自己的作用,如何与他人有效沟通和协作,共同完成目标。为了进一步强化学生的团队合作精神,学校还开展了丰富多彩的团队建设活动和拓展训练。这些活动旨在帮助学生之间建立信任、增强团队合作意识,并培养他们的领导力和组织协调能力。通过这些活动的开展,学生不仅提升了团队合作精神,还锻炼了自己在团队中解决冲突和应对挑战的能力。

七、国际化师资力量

(一)引进外籍教师,接轨国际前沿

中外合作办学项目通常会引进外籍教师,这些教师往往来自世界各地的知名高校或研究机构,他们带来了更接近国际前沿的专业知识和研究方法。外籍教师的加入,不仅丰富了教学内容和方式,也为学生提供了与国际接轨的学习体验。外籍教师通常具有深厚的学术背景和丰富的教学经验,他们能够为学生提供原汁原味的外语教学,帮助学生更好地适应国际化的学习环境。同时,他们还能够将国际上新的研究成果和教学理念引入课堂,让学生在学习过程中不断拓宽视野,增进对国际学术动态的了解。此外,外籍教师还可以为学生提供更多的国际交流和合作机会。他们可以利用自己在国际学术界的资源和影响力,为学生搭建起与国际同行交流的平台,有助于学生建立广泛的国际人脉,为未来的学术研究和职业发展奠定坚实基础。

(二)吸纳海外留学背景的中方教师,促进跨文化交流

除了外籍教师,中外合作办学项目还积极吸纳具有海外留学背景的中方教师。这些教师在海外学习期间,不仅积累了丰富的专业知识和研究经验,还深入了解不同国家的文化、教育和社会制度。他们的加入,为合作办学项目注入了新的活力和创新思维。具有海外留学背景的中方教师通常具备较强的跨文化交流能力,他们能够在教学中融入多元文化元素,帮助学生更好地理解不同文化背景下的知识和观念。这种跨文化的教学方式有助于培养学生的全球意识和国际竞争力。同时,这些教师还能够结合自己的留学经历,为学生分享宝贵的海外学习和生活经验。他们可以为学生提供详细的海外留学指导,帮助学生更好地规划自己的留学之路,提升学生的留学成功率和满意度。

(三)国际化师资力量对学生发展的影响

国际化师资力量的引入,对学生发展的影响是深远的。首先,学生可以从外籍教师和具有海外留学背景的中方教师那里接触到前沿的学术知识和研究方法,提升自己的学术水平和研究能力。这对于学生未来的学术研究和职业发展具有重要意义。其次,通过与外籍教师和具有海外背景的中方教师的交流互动,学生可以提升自己的外语水平和跨文化交流能力。这对于学生未来在国际舞台上展示自己、参与国际合作与交流具有极大的帮助。最后,国际化师资力量的引入还可以激发学生的学习兴趣和创新精神。外籍教师和具有海外背景的中方教师通常具有较为开放的教学理念和方式,他们鼓励学生积极探索、勇于创新,这对于培养学生的创

新精神和实践能力具有重要作用。

第二节 中外合作办学的教学管理创新

一、课程设置与教学内容的创新

（一）国际化课程的引入与整合

中外合作办学在教学内容上的首要创新是引入和整合了更多具有国际化特色的课程。传统的教学内容多侧重于单一学科知识的传授，但在全球化背景下，这种教学方式显然已经无法满足培养具有国际竞争力人才的需求。因此，中外合作办学项目开始大胆地引入和整合国际化课程。这些国际化课程包括但不限于跨文化沟通、国际商业、全球问题等。这些课程不仅涵盖了国际贸易、国际金融等国际商务领域的基础知识，还深入探讨了全球化背景下的文化冲突与融合、国际政治经济格局等深层次问题。通过学习这些课程，学生能够更加全面了解国际社会，拓宽自己的国际视野。同时，中外合作办学项目还注重将这些国际化课程与本土课程进行有机融合，让学生在掌握国际知识的同时，也不忘本土文化的传承与发展。这种融合不仅体现在课程内容上，还体现在教学方式上。例如，在跨文化沟通课程中，教师会引导学生通过角色扮演、模拟谈判等方式，亲身体验不同文化背景下的沟通障碍与解决策略，从而加深学生对跨文化沟通重要性的理解。

（二）实践性教学内容的增加与强化

中外合作办学在教学内容上的第二个创新是增加了实践性教

学内容的比重。传统的教学内容往往偏重于理论知识,而忽视了实践教学的重要性。然而,在中外合作办学项目中,实践教学被提升到了一个全新的高度。一方面,中外合作办学项目通过引入案例分析、项目式学习等方式,让学生在实践中学习和成长。这些教学方式不仅能够激发学生的学习兴趣和积极性,还能够培养他们的创新思维和问题解决能力。例如,在案例分析中,学生会接触到真实的商业案例,并需要通过团队协作、数据分析等方式,提出切实可行的解决方案。另一方面,中外合作办学项目还鼓励学生参与课外实践活动,如社会调研、志愿服务等。这些活动不仅能够让学生更加深入地了解社会现实和问题,还能够培养他们的社会责任感和公民意识。例如,在社会调研中,学生会深入社区、企业等基层单位进行实地调查和研究,了解民众的真实需求和问题所在。这种实践经历不仅能够增强学生的社会认知能力,还能够为他们未来的职业发展奠定坚实的基础。

(三)创新性与社会责任感的培养

中外合作办学在教学内容上的第三个创新是注重培养学生的创新性和社会责任感。在传统的教学模式下,学生往往只是被动地接受知识,而在中外合作办学项目中,学生被鼓励主动参与学习和探索未知领域。为了实现这一目标,中外合作办学项目在教学内容上进行了精心的设计。首先,增加了与创新和创业相关的课程内容,如创新思维训练、商业模式创新等。这些课程旨在培养学生的创新意识和创业精神,激发他们的创新思维和创造力。同时,项目还鼓励学生参与到真实的创业项目中,通过实践来检验自己的创新思维和商业模式。中外合作办学项目还注重培养学生的社会责任感。教学内容强调了社会责任和可持续发展的重要性,让学生意识到自己的行为和选择对社会和环境的影响。同时,项目还组织学生参与到各种社会服务活动中,如环保项目、公益活动等,让他们在实践中体验到社会责任感的重要性。这种教学方式不仅能够提升学生的道德素养和社会责任感,还能够培养他们的公民意识和法律意识。

二、教学方法与手段的创新

(一)教学方法的转变:从被动接受到主动参与

传统的教学方法往往以教师为中心,注重知识的单向传授,学生在这种模式下往往处于被动接受的状态。然而,在中外合作办学项目中,教学方法发生了显著的转变。教师不再是单纯的知识传授者,而是变成了学生学习过程中的引导者和促进者。这种转变的核心在于引导学生主动参与、积极思考。教师通过各种教学手段激发学生的学习兴趣,让他们在学习过程中保持高度的专注力和参与度。例如,教师可以通过提问、讨论、案例分析等方式,引导学生主动思考和解决问题。同时,教师还可以鼓励学生进行小组合作、角色扮演等互动活动,培养他们的团队协作能力和沟通能力。在这种教学方法下,学生的学习不再是单向的、被动的,而是变得更加主动和积极。他们不仅能够更好地理解和掌握知识,还能够培养自主学习和解决问题的能力。这种能力对于他们未来的学习和职业发展都具有重要意义。

(二)教学手段的现代化:信息技术的深度融合

随着信息技术的快速发展,中外合作办学项目也积极引入现代信息技术,使教学手段更加现代化和多样化。多媒体教学、网络教学等新型教学手段的广泛应用,使教学变得更加生动、形象、直观。通过多媒体教学,教师可以利用图片、音频、视频等丰富的媒体资源来展示教学内容,让学生在视觉、听觉等多个感官上获得更加全面的信息输入。这种教学方式不仅能够提高学生的学习兴趣和积极性,还能够帮助他们更好地理解和掌握知识。同时,网络教学也为中外合作办学项目提供了更加灵活和便捷的教学方式。通过网络教学平台,学生可以随时随地进行学习,不受时间和空间的限制。教师可以在线发布学习任务、组织讨论、进行在线测试等,使教学更加高效和便捷。此外,中外合作办学项目还利用大数据、人工智能等技术手段对学生的学习情况进行分析和评估。这些技术手段可以帮助教师更加全面地了解学生的学习状况和需求,为个性化教学提供有力支持。例如,教师可以通过数据分析发现学生的学习难点和薄弱环节,从而进行有针对性的辅导和指导。

(三)与企业的深度合作:实践教学的重要性

中外合作办学项目还注重与企业的合作,通过引入企业导师制度等方式,让学生在实际工作环境中学习和实践。这种合作方式不仅能够提升学生的职业素养和实践能力,还能够为他们未来的职业发展奠定坚实的基础。通过企业导师制度,学生可以深入到企业内部进行实习和实践,了解企业的运营模式和业务流程。企业导师会为学生提供专业的指导和帮助,让他们在实践中掌握实际工作技能和经验。这种实践教学方式不仅能够提升学生的实践能力,还能够培养他们的职业素养和团队协作精神。同时,与企业的合作也为中外合作办学项目提供了更加丰富和实用的教学资源。企业可以提供真实的案例和数据供学生学习和分析,教师还可以邀请企业专家来校举办讲座和交流活动,让学生更加深入地了解行业发展的前沿动态和趋势。

三、教学评价体系的创新

(一)多元评价机制的引入

中外合作办学项目在教学评价体系上的首要创新是引入了多元评价机制。这与传统的教学评价体系有着显著的不同,传统体系主要以单一的考试成绩为评价标准,而中外合作办学项目则采用了包括学生自评、互评,教师评价以及企业评价在内的多种方式。学生自评是让学生对自己的学习过程、学习态度和学习成果进行反思和评价。这种评价方式能够帮助学生更好地认识自己,发现自己的优点和不足,从而制订针对性的学习计划,提升学习效果。同时,自评还能够培养学生的自我意识和自我管理能力,为他们的自主学习和终身学习打下基础。互评则是让学生之间相互评价,这不仅能够促进学生之间的交流与合作,还能够培养他们的团队协作精神和批判性思维。互评的过程中,学生可以相互学习、相互借鉴,共同提升。教师评价是从教师的角度对学生的学习情况进行的全面评估。教师会根据学生的课堂表现、作业完成情况、学习态度等多个方面进行综合评价,给出具体的反馈和建议。企业评价则是引入企业导师或行业专家对学生的实践环节进行评价。这种评价方式能够更真实地反映学生的实践能力和职业素养,为学生的职业发展提供有力的指导。

(二)过程性评价与终结性评价相结合

中外合作办学项目还注重过程性评价和终结性评价相结合,以全面评估学生的学习效果。过程性评价主要关注学生的学习过程和学习态度,包括课堂参与度、作业完成情况、团队协作等多个方面。这种评价方式能够及时发现学生的学习问题,引导他们调整学习策略,提升学习效果。终结性评价则是在学期末或课程结束时进行的总结性评价,主要考查学生的学习成果和综合素质。这种评价方式能够检验学生的学习效果,为他们的进一步发展提供反馈和建议。通过将过程性评价和终结性评价相结合,中外合作办学项目能够更全面地评估学生的学习情况,及时发现并解决学习中存在的问题,促进学生的全面发展。

(三)以能力为导向的评价体系

除了上述两点外,中外合作办学项目还构建了以能力为导向的评价体系。这种评价体系不再仅仅关注学生的知识储备,而是更加注重学生的能力培养和素质提升。在能力为导向的评价体系中,中外合作办学项目会明确列出学生需要掌握的核心能力和技能,如批判性思维、创新能力、团队协作能力等。然后,通过设计相应的评价任务和活动,来评估学生是否具备了这些能力和技能。例如,项目可能会设计一些具有挑战性的团队任务,让学生在完成任务的过程中展示他们的团队协作能力和创新能力。或者设计一些开放性问题,让学生运用批判性思维进行分析和解决。通过这些评价任务和活动,中外合作办学项目能够更准确地评估学生的能力和素质,为他们的全面发展提供有力的支持。

四、师资队伍建设的创新

(一)注重教师的国际化素养和跨文化交流能力

中外合作办学项目在师资队伍建设上,不再仅仅局限于传统的学术背景和教学经验,而是更加注重教师的国际化素养和跨文化交流能力。这一转变,是为了更好地适应全球化背景下的教育需求,培养具有国际视野和跨文化沟通能力的人才。这些教师不仅具备深厚的学术背景,还有丰富的国际经验,能够为学生提供更加国际化的教育环境和学习体验。他们的加入,极大地丰富了教学内容和教学方法,使得学生能够接触到更广阔的学术领域和更多元的文化视角。同时,项目还鼓励和支持教师进行跨文化交流和学习。通过组织国际会议、访问学者项目等活动,让教师有机会走出国门,深入了解不同国家的文化、教育体制和教学理念。这种跨文化交流的经验,不仅有助于提升教师的个人素养,还能够为他们的教学提供宝贵的资源和灵感。

(二)加强教师培训与学术交流,提升教学水平

中外合作办学项目非常重视教师的教学水平和国际化能力的提升。因此,项目会定期组织教师培训、学术研讨会等活动,旨在提高教师的教学技能和学术水平。教师培训活动包括教学方法研讨、现代教育技术应用、课程设计等多个方面。通过这些培训,教师可以学习到最新的教学理念和教学方法,掌握现代教育技术在教学中的应用,从而提升他们的教学效果。同时,学术研讨会则为教师提供了一个交流和分享的平台。在这里,教师可以展示自己的研究成果,与同行进行深入的学术探讨,从而激发创新思维和研究灵感。

(三)引入企业导师制度,加强学校与企业之间的联系

中外合作办学项目还注重与企业的合作,通过引入企业导师

制度,让企业导师参与到教学中来。这一创新举措不仅能够为学生提供更加贴近实际的工作环境和实践机会,还能够加强学校与企业之间的联系和合作。企业导师通常具有丰富的行业经验和专业技能,他们能够从实践的角度为学生提供宝贵的指导和建议。通过与企业导师的交流与合作,学生可以更加深入地了解行业的实际需求和工作流程,提升自己的职业素养和实践能力。同时,企业导师的参与也为学校的教学注入了新的活力和资源,使得教学内容更加贴近实际、更具实用性。此外,通过与企业导师的合作,学校还能够及时了解行业的发展动态和企业的用人需求,从而调整和完善教学计划和课程设置。这种紧密的学校与企业之间的联系和合作,有助于培养更加符合社会需求的高素质人才。

五、教学管理的国际化创新

(一)借鉴国际先进的教学管理理念和方法

中外合作办学项目在教学管理上表现出明显的国际化特色,其中一个显著的体现就是积极借鉴国际先进的教学管理理念和方法。这些理念和方法不仅为项目注入了新的活力,还为学生提供了更加灵活多样的学习方式和选择空间。以学分制为例,这种制度允许学生根据自己的兴趣和能力,在一定的范围内自由选择课程,只要修满规定的学分,就可以毕业。这种灵活性不仅激发了学生的学习热情,还培养了他们的自主学习和规划能力。在中外合作办学项目中,学分制的引入更是为学生提供了与国际接轨的学习体验,为他们未来的国际交流和发展打下了坚实的基础。除了学分制,中外合作办学项目还引入了弹性学制。这种学制允许学生根据自己的实际情况,适当调整学习进度和毕业时间。这对于那些需要兼顾工作、家庭等多方面因素的学生来说,无疑提供了极大的便利。同时,弹性学制也有助于学校更加灵活地应对各种突发情况,如疫情等不可抗力因素,确保教学的连续性和稳定性。

(二)加强与国际高校的合作与交流

中外合作办学项目在教学管理的国际化上还体现在加强与国际高校的合作与交流上。通过与国外知名高校建立合作关系,项目不仅能够引进优质的教学资源,还能够为学生提供更广阔的发展空间和机会。合作项目为学生提供了更多的学习选择,他们可以选择在国内学习一段时间后,再出国留学,或者直接参加国际合作项目,获得双学位或联合培养的机会。这种合作模式不仅丰富了学生的学习经历,还提高了他们的国际视野和跨文化交流能力。除了学生交流,中外合作办学项目还鼓励教师之间的国际交流与合作。通过互访、研讨、共同开展研究项目等方式,教师们可以相互学习、借鉴教学理念和方法,从而提高自身的专业素养和教学能力。这种交流与合作不仅有助于提升项目的整体教学水平,还能够为教师个人的职业发展提供有力的支持。

(三)注重教学管理的信息化和智能化建设

在信息化和智能化的时代背景下,中外合作办学项目也紧跟时代步伐,注重教学管理的信息化和智能化建设。通过引入先进的教学管理系统,项目能够实现对教学过程的全面监控和数据分析,为教学改进提供有力支持。教学管理系统的引入使得教学过程中的各种数据得以实时记录和分析。例如,学生的出勤情况、作业完成情况、考试成绩等都可以通过系统进行实时监控和统计。这些数据不仅有助于教师及时了解学生的学习情况,还能够为教学改进提供科学的依据。同时,中外合作办学项目还利用大数据技术对教学过程进行深入分析。通过对大量教学数据的挖掘和分析,项目可以发现教学中的问题和不足,及时进行调整和改进。这种数据驱动的教学方式不仅能够提高教学效率,还能够确保教学质量和学生的学习效果。

第四章 中外合作办学的师资队伍建设

第一节 中外合作办学师资队伍的构成与特点

一、师资队伍的组成

（一）中外双方教师共同组建

1. 融合中西方教学理念和方法

中外合作办学项目的师资队伍由中方和外方教师共同组成，这种构成方式为中西方教学理念和方法的融合提供了可能。中方教师通常具有深厚的教育教学理论知识和实践经验，熟悉国内教育体制和学生特点。而外方教师则带来了一些先进的教学模式和理念，他们往往更加注重学生的实践能力和创新思维的培养。在教学过程中，中外双方教师共同设计课程，制订教学计划，相互学习、借鉴和融合彼此的教学理念和方法。这种融合不仅使得教学内容更加丰富多样，还提升了教学效果和学生的学习体验。例如，在一些中外合作办学项目中，中方教师注重基础知识的传授和学生纪律性的培养，而外方教师则更加注重学生的实践操作能力和团队协作能力的培养。通过中外双方教师的共同努力，学生们不仅能够掌握扎实的基础知识,还能够提升解决实际问题的能力。

2. 提高专业的国际化水平

中外合作办学师资队伍的中外双方共同组建,还有助于提高专业的国际化水平。外方教师的加入,不仅带来了教学资源,还为学校引入了国际化的教学氛围。他们在教学过程中所使用的教材、案例以及教学方式,使得学生在学习过程中能够接触到更广阔的学术视野。同时,中外合作办学项目还鼓励中外双方教师进行科研合作,共同开展研究项目,推动学术交流与合作。这种科研合作不仅有助于提升教师的学术水平和专业素养,还能够为学生提供更多的学习机会和资源。通过与国外高校和科研机构的合作与交流,中外合作办学项目能够及时了解国际学术前沿动态,推动专业的国际化发展。此外,中外合作办学项目的师资队伍构成也有助于培养学生的国际化视野和跨文化交流能力。学生们在与不同文化背景的教师进行交流和学习的过程中,能够更深入地了解不同国家的文化、历史和社会制度,增强他们的全球意识和跨文化沟通能力。这种能力在未来的职业发展中将具有重要的竞争优势。

(二) 多种背景的教师

1. 丰富的教学经验和学术背景

在中外合作办学的师资队伍中,教师们不仅具备深厚的专业知识,还拥有丰富的教学经验和学术背景。这些教师可能是在各自领域有着多年教学经验的资深教授,也可能是刚从海外归来、掌握着前沿学术动态的年轻学者。他们的教学经验使得他们能够根据学生的实际情况,灵活运用各种教学方法和手段,以提高教学效果。同时,他们的学术背景也为教学内容的深度和广度提供了保证,让学生能够接触到最前沿的学术成果和思想。这些具有丰富教学经验和学术背景的教师,在教学过程中能够给予学生更多的启发和引导。他们不仅能够传授知识,还能够培养学生的思维能力和创新精神。通过与这些教师的交流和学习,学生们可以更加深入地了解所学专业的内涵和外延,为未来的学术研究和职业发展打下坚实的基础。

2. 来自不同国家和文化背景的教师

中外合作办学的师资队伍中,教师们来自不同的国家和文化背景,这一特点为学生提供了接触和了解多元文化的机会。这些教师不仅带来了各自国家的文化特色和教育理念,还为学生们提供了一个全球化的学习环境。在这种环境下,学生们可以更加深入地了解不同文化之间的差异和共性,增强他们的跨文化交流能力。通过与来自不同国家和文化背景的教师进行交流和互动,学生们可以拓宽自己的视野,培养全球意识和国际竞争力。这种多元化的学习体验对于培养学生的综合素质和学生的未来发展具有重要意义。同时,来自不同国家和文化背景的教师也为中外合作办学项目注入了新的活力和创新力量。他们在教学过程中所展现出的不同教学风格和思维方式,可以激发学生的学习兴趣和好奇心,促进他们积极探索未知领域。这种多元化的教学氛围有助于培养学生的创新思维和批判性思维,为他们的全面发展提供有力支持。此外,多种背景的教师还为学生提供了更多的学习资源和机会。他们可以利用自己在不同国家和学术领域的人脉和资源,为学生们搭建更广阔的学习平台和提供合作机会。通过与这些教师的合作和交流,学生们可以获得更多的实践经验和学术支持,为自己的未来发展打下坚实的基础。

（三）企业导师的参与

1. 企业导师制度的意义与价值

在一些中外合作办学项目中,引入企业导师制度具有重要的教育意义和实践价值。企业导师通常是在特定行业或领域内具有丰富经验的专业人士,他们不仅了解行业的最新动态和实际需求,还具备解决实际问题的能力。通过与这些学生分享自己的经验和知识,企业导师能够帮助学生更好地理解课程内容,并将理论知识与实际应用相结合。企业导师制度的引入,使得学生们有机会接触到真实的工作环境和任务,从而更好地理解所学专业的实际应用和价值。通过与企业导师的互动,学生们可以更加明确自己的职业规划和发展方向,为未来的就业和创业做好充分准备。同时,企业导师还可以为学生提供宝贵的行业内部资源和人脉,帮助他们更好地融入职场。

2. 企业导师在教学中的具体作用

在教学方面,企业导师为学生提供了更贴近实际的工作环境和实践机会。他们可以根据自身的行业经验,为学生提供真实的案例分析和实践操作指导,帮助学生将理论知识转化为实际操作能力。这种实践性的教学方式不仅能够提高学生的动手能力,还能够培养他们的创新思维和解决问题的能力。此外,企业导师还可以参与课程设计和教学内容的制定,确保教学内容与行业需求紧密相连。他们可以根据行业的发展趋势和企业的实际需求,对教学内容进行调整和优化,使学生能够学到更加实用和前沿的知识。同时,企业导师还可以为学生提供实习和就业机会,帮助他们更好地了解职场文化和工作环境,为未来的职业发展打下坚实的基础。除了在教学方面的作用外,企业导师还可以为学生提供心理支持和职业规划建议。他们可以与学生分享自己的职业经验和心路历程,帮助学生更好地认识自己、明确职业方向并制定合理的职业规划。这种个性化的指导和支持对于学生的发展具有重要意义。

二、师资队伍的特点

(一)国际化视野

1. 引进外方教育资源的影响

中外合作办学项目通过引进外方的课程、师资和项目等教育资源,极大地丰富了教学内容和教学方式。这些资源包括先进的学科知识,和国际化的教育理念和教学方法。在这个过程中,师资队伍的国际化视野得到了极大的拓展。首先,引进外方课程使得教师们能够接触到更多元化的知识体系,了解不同国家的教育内容和教学重点。这种跨文化的学术交流,有助于教师们形成更加开放和包容的教学态度,从而更好地引导学生们认识和理解不同文化背景下的知识和观念。其次,引进外方师资带来了直接的教学经验交流。中外教师们在教学过程中相互学习、借鉴,共同提高教学水平。外方教师的参与,不仅带来了新的教学方式,还促进了中方教师不断更新教育观念,提升教学效果。最后,通过引进外方项目,中外合作办学项目的师资队伍得以参与到国际级的科研合作和学术活动中。这种深层次的合作与交流,使得教师们能够紧跟国际学术前沿,不断提升自身的科研能力和学术水平。

2. 教师间的互相尊重与学习

在中外合作办学项目中,中外教师之间建立了深厚的友谊和紧密的合作关系。他们互相尊重对方的历史文化背景,充分理解和接纳彼此的教育理念和教学方式。这种互相尊重的态度,为师资队伍营造了一个和谐、包容的工作氛围。同时,教师们也积极开展互相学习活动。中方教师向外方教师学习他们的教学模式和教学方法,不断提升自身的教学能力;而外方教师也从中方教师那里了解到中国的教育传统和文化特色,进一步丰富了其教学内容和手段。这种互相学习、共同进步的精神,是中外合作办学项目师资队伍国际化视野的重要体现。此外,中外合作办学项目的师资队伍还通过定期的学术交流、研讨会等活动,共同探讨教育领域的热点问题和发展趋势。这些活动不仅加强了教师间的沟通与合作,还激发了教师们的创新思维和学术灵感。在这种氛围中,教师们不断突破自我、追求卓越,为培养具有国际视野和创新能力的人才贡献了自己的力量。

(二)灵活的教学管理机制

1. 灵活的聘任和流动机制

在中外合作办学项目中,教师的聘任和流动机制展现出更高的灵活性。项目通常会根据学科需求、教师专长以及教学计划的变动来调整师资队伍。这意味着,项目可以根据实际情况快速聘任或调整教师,以确保教学质量和学科发展的需求得到满足。首先,在聘任方面,中外合作办学项目不局限于传统的招聘流程。项目可以依据特定的教学计划和课程需求,从全球范围内寻找并聘任具有专业知识和教学经验的教师。这种灵活性使得项目能够快速引进具有国际化背景和先进教学方法的人才,从而提升教学质量。其次,教师的流动机制也更加灵活。在中外合作办学项目中,教师可以根据项目需求、个人发展意愿以及学科发展趋势进行内部或外部流动。这种流动性不仅有助于优化师资配置,还能够促进教师之间的交流和合作,进一步激发教学团队的活力和创新力。

2. 有效的激励和管理制度

除了聘任和流动机制的灵活性,中外合作办学项目还注重建立有效的激励和管理制度,以进一步激发师资队伍的潜力和创新精神。在激励机制方面,项目通常会提供具有竞争力的薪酬待遇和职业发展机会,以吸引和留住优秀教师。同时,项目还会设立各种奖励制度,如教学成果奖、科研创新奖等,以表彰在教学和科研方面做出突出贡献的教师。这些奖励不仅是对教师工作的认可,也能够激励其他教师努力提升自己的教学和科研水平。在管理制度方面,中外合作办学项目注重教师的个性化发展和自主权的尊重。项目会制定明确的教学规范和质量控制标准,但同时也会给予教师一定的教学自主权和决策参与权。这种管理方式既保证了教学质量的稳定和提升,又能够充分发挥教师的专业特长和创新精神。此外,中外合作办学项目还会定期组织教师培训、学术交流等活动,以提升教师的教学水平和专业素养。这些活动不仅有助于教师不断更新知识和技能,还能够增强他们的归属感和团队合作精神。

(三)注重实践教学

1. 师资队伍中的实践经验

中外合作办学项目在招聘教师时,通常会倾向于选择那些具有丰富实践经验的候选人。这些教师往往在行业或领域内有着丰富的实践经验,能够将最新的行业动态和实践经验带入课堂,为学生提供真实、生动的教学案例。他们的实践经验不仅限于传统的行业,还可能包括创业、咨询、项目管理等多种经历。这些具有实践经验的教师能够为学生带来多方面的好处。首先,他们能够提供真实的行业信息,帮助学生了解行业的最新动态和未来发展趋势。其次,他们能够将理论知识与实践经验相结合,使学生在学习过程中更加深入地理解和掌握所学知识。最后,通过与这些教师的交流,学生还可以建立起与行业内部的联系,为未来的职业发展奠定坚实的基础。

2. 实践教学与理论知识的结合

在中外合作办学项目中,实践教学并不仅仅是让学生参与实践活动,更重要的是将实践教学与理论知识紧密结合。这意味着,学生在学习理论知识的同时,也要参与各种实践活动,如实验、实地考察、项目设计等,以巩固和应用所学知识。这种教学方式的优势是显而易见的。首先,通过实践教学,学生能够更加直观地理解和掌握理论知识,从而提高学习效果。其次,实践教学能够培养学生的实际操作能力,使他们在面对实际问题时能够迅速找到解决方案。最后,实践教学还能够培养学生的团队合作精神和创新思维能力,为他们未来的职业发展做好充分的准备。除了常规的实践教学活动外,中外合作办学项目还鼓励学生参与各种创新实践项目和学术竞赛。这些活动不仅能够锻炼学生的实践能力,还能够培养他们的创新思维和解决问题的能力。通过与来自不同背景的同学合作,学生还能够拓宽自己的视野,增强跨文化交流能力。值得一提的是,中外合作办学项目还注重与企业的合作,为学生提供实习和就业机会。这种合作模式使学生有机会在实际工作环境中应用所学知识,进一步提升自己的实践能力和职业素养。同时,企业也能够通过实习项目发现和培养潜在的人才,实现校企共赢。

(四)跨文化交流能力

1. 教师跨文化交流能力的体现

在中外合作办学项目中,师资队伍的国际化构成意味着教师们来自不同的文化背景和国家。这样的背景使得教师们通常具备较强的跨文化交流能力。他们不仅精通多种语言,还深谙不同文化间的差异和共通之处,因此在教学中能够自如地切换语言和文化背景,为学生提供多元化的学习体验。这种跨文化交流能力不仅体现在教师的日常教学中,更贯穿于项目式学习、团队合作、学术研讨等各个环节。例如,在项目式学习中,教师们会引导学生从不同文化角度出发,探讨问题的解决方案;在团队合作中,他们则鼓励学生尊重并理解团队成员的多元文化背景,共同完成任务;在学术研讨中,教师们更是将跨文化交流能力发挥到极致,与学生共同探讨国际前沿的学术问题,拓宽学生的知识视野。

2. 对学生跨文化交流能力的培养

中外合作办学项目的师资队伍通过自身的跨文化交流能力,对学生的外语水平和跨文化沟通能力产生了深远影响。首先,教师们会在课堂上使用多种语言进行教学,这不仅锻炼了学生的外语听力,还激发了他们学习外语的兴趣。在与教师的日常交流中,学生们也逐渐学会了如何运用外语进行准确、流畅的表达。更重要的是,教师们通过自己的言传身教,培养了学生的全球意识和国际视野。他们鼓励学生关注国际动态,了解不同国家的文化、历史和社会制度,从而使学生更加全面地认识这个多元化的世界。在这个过程中,学生们逐渐学会了如何以开放、包容的心态面对不同文化,提升了自己的跨文化沟通能力。此外,中外合作办学项目还为学生提供了丰富的国际交流机会。通过参加国际学术会议、海外实习、留学交换等项目,学生们得以亲身体验不同国家的文化和生活方式,进一步加深了对跨文化交流的理解和实践。这些经历不仅让学生们在国际舞台上更加自信地展示自己的才华,还为他们未来的职业发展和国际合作奠定了坚实基础。

第二节 中外合作办学师资队伍的建设策略

一、明确师资队伍建设的目标与定位

在中外合作办学项目中,师资队伍建设的首要任务是明确目标和定位。这不仅关系教学质量,还直接影响到学校的整体发展方向和办学目标的实现。明确目标和定位意味着要对教师队伍的整体规模进行科学的规划。这需要考虑学校的发展需求、教学资源以及学生规模等因素,从而确定合理的师生比例,以保证每位学生都能得到足够的关注和指导。师资队伍的结构也是一个重要的考虑因素。一个合理的教师结构应该包括不同年龄、不同专业背景、不同教学经验的教师,以便能够为学生提供多样化的教学风格和知识视角。此外,中外合作办学项目还需要特别考虑外籍教师和本土教师的比例,以及他们在教学和科研方面的合作与分工。再者,项目对于教师的专业素质和教学能力也有明确的要求。中外合作办学项目通常希望教师具备较高的学术水平和丰富的教学经验,能够熟练运用多种教学方法和手段,激发学生的学习兴趣和创新思维。同时,教师还应该具备良好的跨文化交流能力,以适应不同文化背景的学生需求。

二、加强国际化师资队伍的引进与培养

（一）引进国际化师资

引进国际化师资队伍是中外合作办学中师资队伍建设的关键环节。为了提升教学质量和科研水平,学校应积极引进具有国际教育背景和教学经验的优秀教师。这些教师通常在海外知名大学取得了博士学位,或在国外积累了丰富的教学经验,他们的加入将极大地推动学校的教学改革和国际化进程。在引进国际化师资的过程中,学校应特别关注那些在海外享有盛誉的学者和专家,他们的学术影响力和教学经验将为学校带来宝贵的资源。通过与这些优秀教师的合作,学校可以借鉴国际先进的教学理念和方法,提升本土教师的教学水平,从而提高学生的培养质量。同时,与海外高校和研究机构建立紧密的合作关系也是至关重要的。这种合作不仅为学校提供了更多引进国际化师资的渠道,还有助于推动学术交流与科研合作。通过与海外机构的合作,学校可以及时了解国际学术前沿动态,提高教师的科研能力和学术水平。为了吸引更多国际化学者来校任教,学校还应提供具有竞争力的薪资待遇和优越的工作条件。此外,营造良好的学术氛围和文化环境,让教师能够在这里找到归属感,也是至关重要的。通过这些措施,学校可以成功引进并留住优秀的教师,为中外合作办学项目的持续发展提供有力的人才保障。

（二）培养本土教师的国际化素养

培养本土教师的国际化素养是中外合作办学师资队伍建设中不可或缺的一环。为了实现这一目标,学校应大力鼓励本土教师

参加国际学术会议和访学交流等活动。这些活动不仅能让教师们接触到前沿的学术思想和教学方法,还能与来自世界各地的学者进行深度交流,从而极大地拓宽他们的国际视野。此外,提高教师的跨文化交流能力也至关重要。在中外合作办学项目中,教师不仅需要教授专业知识,更要学会在不同文化背景下与学生进行有效的沟通和交流。因此,学校应提供跨文化沟通的培训资源,帮助教师更好地理解和适应不同文化,进而提升他们的教学效果。为了支持教师的专业成长,学校还应设立专项基金,用于资助教师赴海外进行长期或短期的进修学习。这种学习方式不仅能让教师亲身体验和学习国际先进的教学理念和方法,还能提升他们的专业素养和教学能力。海外进修学习不仅是对教师专业知识的更新和补充,更是对其教学理念和方法的深刻反思和改进。

三、优化师资队伍结构

(一)年龄结构

在中外合作办学中,构建合理的教师年龄结构对于教学团队的稳定性和持续发展具有至关重要的意义。注重老中青教师的梯队建设,意味着要形成一个年龄层次丰富、经验传承有序的教学团队。老年教师是学校的宝贵财富,他们拥有丰富的教学经验和深厚的学术积累。通过充分发挥老年教师的示范和引领作用,可以有效地传承教学经验,提升整个教学团队的教学水平。同时,老年教师的稳定性和从容的教学态度也能为教学团队带来稳定的基石。中年教师则是教学团队的中坚力量,他们既有一定的教学经验,又具备较为充沛的精力,能够承担起繁重的教学和科研任务。中年教师的培养和发展对于保持教学团队的活力和创新力至关重要。青年教师则是学校未来发展的希望,他们充满朝气,富有创新精神。通过引进和培养青年教师,可以为教学团队注入新鲜血液,促进教学理念的更新和教学方法的创新。通过合理的引进和培养机制,使教师队伍在年龄上呈现出合理的分布,老中青教师比例协调,从而确保教学团队的稳定性和持续发展。这样的年龄结构不仅能够满足当前的教学需求,还能够为学校的长远发展提供有力的人才保障,同时,也有助于形成一个积极向上、团结协作的教学氛围,提升学校整体的教学质量和学术水平。

(二)专业结构

在中外合作办学项目中,优化教师的专业结构是提升教学质量和科研水平的关键。这需要根据合作办学项目的专业特点,精心地配置具有不同专业背景的教师。这种配置不仅要满足当前的教学需求,还要预见未来的学科发展趋势。合理配置不同专业背景的教师意味着要确保教师队伍在知识结构和专业技能上的多样性。这种多样性有助于提供给学生更为全面的教育,同时也能应对不同学科领域的挑战。例如,在工程类专业中,不仅需要机械工程、电子工程等专业的教师,也需要材料科学、计算机科学等相关领域的专家,以形成多学科交叉的教学和研究环境。加强学科交叉融合是提高教师队伍整体学术水平和创新能力的重要途径。在中外合作办学中,学校鼓励不同专业背景的教师进行合作与交流,从而激发新的研究思路,推动学术创新。这种交叉融合还有助于教师之间互相学习,共同提高,从而形成一个积极向上、富有创造力的学术氛围。优化教师的专业结构还需要关注教师的专业发展和持续学习。学校应提供必要的资源和支持,帮助教师不断更新知识,提升专业技能,以适应不断变化的学科环境和教学需求。

(三)学历结构

在中外合作办学中,优化教师队伍的学历结构是提升整体教学质量和科研实力的重要一环。学校应该积极致力于提高教师队伍的学历层次,如鼓励教师攻读博士学位。为了实现这一目标,学校可以提供相应的支持和激励措施,如设立奖学金、研究经费补贴等,以减轻教师在攻读学位过程中的经济压力,让他们能更专注于学术研究和个人成长。同时,学校还可以与国内外知名高校和研究机构建立合作关系,为教师提供更多的学习机会和资源。除了鼓励本土教师提升学历层次外,学校还应注重引进具有海外留学背景的高层次人才。这些人才通常拥有更广阔的视野、更先进的学术理念和更丰富的跨文化交流经验,他们的加入无疑会极大地提升教师队伍的国际化水平。通过引进这些高层次人才,学校可以更快地接触到国际前沿的学术动态,更有效地推动教学和科研的国际化进程。

四、完善师资队伍管理制度

(一)建立科学的评价机制

建立科学的评价机制是中外合作办学中提升教师队伍质量、确保教学水平的重要举措。为了全面、客观地评估教师的工作绩效,必须制定一套科学的教师评价体系。这套评价体系不应仅仅局限于单一的教学成果,而应综合考虑教师在教学、科研、社会服务等多方面的表现。教学方面,除了考量教师的教学方法和效果,还应关注学生的反馈和学习成果。科研方面,要评估教师的科研能力、学术贡献以及科研成果的影响力。同时,教师在社会服务方面的表现,如参与公益活动、提供行业咨询等,也应纳入评价体系。为了确保评价的客观性和公正性,应采取多种评价方式,包括学生评价、同行评价和专家评价。学生评价可以从学生的角度出发,直接反映教师的教学效果和学生满意度。同行评价则可以让教师们相互学习、互相督促,形成良好的教学氛围。而专家评价则能提供更为专业、深入的指导和建议,帮助教师不断提升自身的教学和科研水平。通过建立这样一套科学的评价机制,不仅可以全面、客观地评估教师的工作绩效,还能有效激励教师不断提升自己的专业素养和教学能力。这对于中外合作办学项目的长远发展,以及提升学校整体的教学质量都具有重要意义。同时,科学的评价机制也有助于学校形成良好的教学氛围,促进教师之间的交流和合作,共同推动学校的发展。

(二) 实施激励机制

实施有效的激励机制是提升中外合作办学师资队伍活力和质量的重要手段。为了激发教师的工作积极性和创新精神,学校应当设立一系列奖励制度。例如,教学优秀奖可以表彰那些在教学方面有突出贡献和创新实践的教师,这不仅是对他们辛勤工作的认可,也能激励其他教师不断提升自己的教学能力。科研成果奖则针对在学术研究领域取得杰出成果的教师,鼓励他们继续深入探索,推动学术进步。除了精神奖励,物质激励同样重要。为教师提供良好的工作环境和待遇,是吸引和留住优秀人才的关键。一个舒适、设备齐全的教学和研究环境,能够让教师更加专注于工作,减少不必要的干扰。同时,提供具有竞争力的薪资待遇和福利,能够体现学校对教师的尊重和认可,也是稳定教师队伍、吸引外部优秀人才的重要保障。此外,激励机制还应注重个性化差异,满足不同教师的发展需求。例如,为青年教师提供更多的培训和发展机会,帮助他们快速成长;为资深教师提供更为广阔的学术平台,鼓励他们在学术领域继续深耕。

(三)加强师德师风建设

加强师德师风建设是提升中外合作办学教育质量、构建和谐校园文化的关键环节。师德师风不仅关系教师的个人形象,更直接影响到学生的成长和学校的发展。因此,制定师德师风建设规划并定期开展师德教育和培训活动显得尤为重要。师德教育和培训活动的目标是引导教师树立正确的教育观、人才观和价值观。通过这些活动,教师们可以深刻理解教育的本质,明确自身在培养学生中的责任和使命。同时,培训中应强调尊重每一位学生,关注学生的全面发展,而不仅仅是知识的传授。此外,提高教师的职业道德素养也是师德师风建设的重要内容。教师应以身作则,为学生树立良好的榜样。在日常教学和生活中,教师应秉持公正、诚信、敬业的原则,以高尚的道德情操感染和影响学生。为了实现这些目标,学校可以组织专题讲座、案例分析、经验分享等多种形式的师德教育和培训活动。同时,还可以建立师德考核机制,将师德表现作为教师评价的重要指标,从而激励教师不断提升自身的师德水平。

第三节 中外合作办学师资队伍的国际化发展

一、国际化师资队伍建设的意义

(一)提升教学质量

1. 借鉴先进的教育理念

国际化师资队伍可能会带来先进的教育理念。这些教师通常在国外接受过系统的教育培训,或者长时间在国际教育环境中工作,因此他们深谙国际教育的最新趋势和理念。例如,他们可能更加强调学生的主动性、探究性和创造性,注重学生的个性化发展和全面发展。这些教育理念不仅能够激发学生的学习兴趣和动力,还能够培养他们的创新思维和实践能力。具体来说,国际化师资队伍会倡导以学生为中心的教学模式,鼓励学生主动参与课堂讨论,提出自己的观点和见解。他们还会注重跨学科的教学,帮助学生建立全面的知识体系,培养综合素质。此外,这些教师还会关注学生的心理健康和情感发展,努力创造一个积极、健康、和谐的学习环境。这些教育理念不仅给传统的教学模式带来了积极的冲击和变革,也为学校的教学改革提供了新的思路和方向。通过与国际接轨的教育理念,学校能够更好地培养出适应未来社会发展需求的人才。

2. 借鉴创新的教学方法,引入丰富的教学资源

国际化师资队伍能引入创新的教学方法和丰富的教学资源。这些教师在国外的学习和工作经历使他们接触到了多种多样的教

学方法和资源,从而能够为学生提供更加生动、有趣和高效的学习体验。例如,他们可能会运用项目式学习、探究式学习等创新的教学方法,让学生通过实际操作和探究来掌握知识和技能。这些教学方法不仅能够激发学生的学习兴趣,还能够培养他们的团队协作能力和问题解决能力。同时,国际化师资队伍还能利用国外丰富的教学资源,如在线课程、教学视频、互动软件等,为学生提供更加多元化的学习方式。这些创新的教学方法和丰富的教学资源不仅能够提升学生的学习效果,还能够培养他们的自主学习能力和终身学习的意识。在国际化师资队伍的引导下,学生能够更加全面地发挥自己的潜能和才华,成为具有国际视野和竞争力的人才。

(二)促进文化交流

1. 促进中外文化的交流与融合

国际化师资队伍通常由来自不同文化背景的教师组成,他们自身就是文化交流的使者。这些教师在教学和日常生活中,会自然而然地分享各自的文化经验和观念,从而引发学生对不同文化的兴趣和好奇。例如,一位来自欧洲的教师可能会在课堂上讲述欧洲的节日习俗、历史故事,而一位亚洲的教师则可能会分享亚洲的哲学思想、艺术形式。除了直接的文化分享,国际化师资队伍还通过组织各种文化交流活动,如文化节、文化展览、国际学生交流会等,为学生提供更多了解和体验不同文化的机会。这些活动不仅丰富了校园文化生活,还促进了中外学生的相互了解和友谊。此外,国际化师资队伍还鼓励学生走出国门,参与国际实习、志愿服务等活动,亲身体验和感知不同国家的文化。这种跨文化的学习经历对于学生形成开放、包容的文化态度具有重要意义。

2. 增进学生对不同文化的理解和包容

国际化师资队伍通过多样化的教学方式，帮助学生增进对不同文化的理解和包容。在课堂上，他们不仅传授知识，还注重培养学生的跨文化意识。例如，在讨论国际问题时，教师会引导学生从不同文化的角度进行思考和分析，避免片面和偏见。同时，国际化师资队伍还通过案例分析、角色扮演等教学方法，模拟跨文化交流的场景，让学生在实践中学习如何与来自不同文化背景的人进行有效沟通。这种教学方式不仅能够提升学生的语言能力，还能够培养他们的同理心和合作精神。在国际化师资队伍的引导下，学生会逐渐认识到文化的多样性和相对性，学会尊重和理解不同文化背景下的人们的价值观和行为方式。这种对不同文化的理解和包容态度，是学生在未来职业生涯和个人生活中不可或缺的重要素养。

（三）提高学校声誉

1. 提升学校的国际影响力

拥有一支优秀的国际化师资队伍，意味着学校能够吸引并留住来自世界各地的顶尖学者和教育家。这些学者和教育家不仅带来了丰富的教学经验和先进的教育理念，还通过他们的学术研究和国际合作，为学校赢得了更广泛的国际认可。他们的存在，使得学校在国际教育舞台上占有一席之地，从而提高了学校的国际影响力。此外，国际化师资队伍还能为学校带来更多的国际交流与合作机会。这些教师可以通过他们的学术网络和合作关系，促成学校与其他国际知名教育机构的合作项目，进一步提升学校的国际地位。这种合作不仅限于学术研究，还包括学生交流、教师互访等多种形式,从而加深学校与国际教育界的联系。

2. 吸引更多的优秀学生和教师

优秀的国际化师资队伍对于学生和教师来说,具有极大的吸引力。对于学生而言,他们渴望从世界级的教师那里获得高质量的教育和指导。国际化师资队伍的存在,让学生看到学校在教育领域的实力和决心,从而更愿意选择这样的学校作为自己求学的场所。对于教师来说,一个拥有国际化师资队伍的学校,往往意味着更多的学术机会、更好的研究环境和更广阔的发展空间。这样的环境能够吸引更多的优秀教师加入,共同推动学校的教育教学和学术研究工作。同时,国际化师资队伍还能为学校带来更加多元化的教学和研究视角,激发教师的创新思维和学术灵感。值得一提的是,国际化师资队伍还能为学校带来一种开放、包容的文化氛围。这种氛围有利于教师和学生的成长与发展,促使他们更加积极地参与学校的各项活动,进一步提升学校的整体活力和创造力。

二、师资队伍的国际化发展的培养策略

(一)加强外语培训

1. 外语培训的重要性与必要性

外语,尤其是英语,作为国际交流的通用语言,在教育国际化中扮演着举足轻重的角色。本土教师外语水平的提升,不仅有助于他们更准确地理解和传授国际先进的教育理念和教学方法,还能够增进他们与国际同行的交流与合作,从而推动学校整体教学水平的提升。加强外语培训,首先能够帮助本土教师克服语言障

碍,让他们能够更自如地与外籍教师进行学术交流和合作。这不仅有助于拓宽教师的国际视野,还能够为他们提供更多的教学资源和信息,进而丰富教学内容和手段。其次,通过外语培训,教师可以更好地理解和运用国际上的先进教学方法和教材,从而提升教学效果。例如,许多国际教育机构和出版社提供的教学资源都是英文的,如果教师的外语水平不足,这些宝贵的资源就可能被浪费。

2. 加强外语培训的有效途径

要加强外语培训,提高本土教师的外语水平,可以从以下两个方面入手:

组织外语培训班:学校可以定期举办外语培训班,邀请专业的外语教师或外教进行授课。这样的培训班可以根据教师的实际外语水平和需求来定制课程内容,确保培训的针对性和实效性。同时,通过集中学习和实践,教师可以在短时间内快速提高外语能力。此外,还可以利用寒暑假等时间组织教师赴国外进行短期的外语强化训练或文化交流活动。这种沉浸式的语言学习方式能够让教师在真实的语言环境中快速提高外语听说能力,并深入了解外国文化,为日后的国际化教学打下坚实基础。

提供外语学习资源:除了组织培训班外,学校还可以为教师提供各种外语学习资源,如外语学习软件、在线课程、外语读物等。这些资源可以让教师根据自己的时间和进度进行自主学习,灵活性和针对性都很强。同时,学校还可以建立外语学习交流平台,鼓励教师在平台上分享学习心得和教学资源,形成良好的学习氛围和互助机制。这样的平台不仅能够激发教师的学习热情,还能够促进教师之间的交流与合作。

（二）鼓励国际学术交流

1. 积极参与国际学术交流活动的重要性

国际学术交流活动,如参加国际学术会议、作为访问学者等,为教师提供了与世界各地的教育专家和学者交流的平台。通过这些活动,教师可以了解到前沿的教育理念、教学方法和学术研究成果,从而不断更新自己的知识体系,提高自身的专业素养。首先,参与国际学术交流活动有助于教师及时了解和掌握国际教育的最新动态和趋势。在全球化的背景下,教育理念和教学方法在不断更新和演变,教师需要时刻保持敏锐的洞察力和学习能力,才能紧跟时代的步伐,为学生提供更优质的教育服务。其次,这些活动还能促进教师之间的相互学习和借鉴。来自不同国家和地区的教师,由于文化背景和教育环境的差异,往往在教学方法和教育理念上有着不同的见解和做法。通过交流,教师可以汲取他人的经验和教训,取长补短,从而提升自己的教学能力。

2. 设立专项资金支持国际学术交流

为了鼓励更多的本土教师积极参与国际学术交流活动,学校可以设立专项资金,为教师提供经费支持。这笔资金可以用于支付教师的交通、住宿和参会费用等,减轻他们的经济负担,让他们能够更专注于学术交流和学习。设立专项资金不仅体现了学校对国际学术交流的重视和支持,还能激发教师参与国际学术交流的热情和积极性。当教师感受到学校对他们的支持和鼓励时,他们会更愿意投身于学术研究中,努力提升自己的专业素养和教学能力。此外,专项资金的使用还可以与学校的整体发展战略相结合。例如,学校可以优先支持那些与学校重点发展方向相符的学术交流项目,或者鼓励教师在交流中积极推广学校的办学理念和特色,从而提升学校的国际知名度和影响力。除了设立专项资金外,学校还可以通过其他方式支持教师的国际学术交流活动。例如,可以为教师提供外语培训或翻译服务,帮助他们克服语言障碍;或者为教师提供与国际知名学者建立联系的机会,促进深度交流与合作。

(三)与国外教育机构建立合作关系

1. 为教师提供国际交流和研究平台的重要性

教师是教育事业的中坚力量,他们的专业素养和教学能力直接影响着教育质量。与国外知名教育机构建立合作关系,首先能为教师提供一个广阔的国际交流和研究平台。通过这个平台,教师可以接触到更先进的教育理念、教学方法和研究成果。例如,定期的教师互访活动可以让教师亲身体验不同国家的教育环境,深入了解其教育体系和教学模式,从而拓宽教育视野,更新教育观念。同时,这样的交流也有助于激发教师的创新思维,促进他们在教学方法和课程内容上的改革与创新。此外,与国外教育机构的合作还能为教师提供参与国际合作研究项目的机会。这些项目通常涉及教育领域的前沿问题,参与其中不仅能提升教师的科研能力,还有助于他们在国际学术界建立声誉和网络。

2. 开展中外教育资源共享和优势互补的策略

与国外教育机构建立合作关系的另一个重要目的是实现中外教育资源的共享和优势互补。这不仅可以丰富学校的教学资源,还能提高教育质量和效益。通过学生交流活动,如学生互派、短期访学等,可以让学生亲身体验不同国家的文化和教育体系,培养他们的国际视野和跨文化交流能力。这种经历不仅能增强学生的综合素质，还能为他们未来的职业发展和国际合作打下坚实的基础。在教育资源共享方面，可以通过合作开发课程、共享教学材料和在线教育资源等方式，实现中外教育资源的有效整合。这样不仅能丰富学校的教学内容，还能降低教学成本，提高教育资源的利用效率。同时，与国外教育机构的合作还能促进中外教育理念的交流与融合。不同的教育体系和教育理念都有其独特的优点和价值，通过交流与合作，可以相互借鉴和学习，从而推动教育的创新与发展。这种合作关系还能为学校带来国际化的发展机遇。通过与国外教育机构的紧密合作，学校可以吸引更多的国际学生和教师，提高学校的国际影响力和竞争力。

（四）搭建在线交流平台

1. 打破时间和空间的限制

在传统的交流方式中，中外教师需要面对面或在特定的时间和空间内进行沟通和交流，这无疑增加了交流的难度和成本。而搭建在线交流平台，利用互联网等现代信息技术手段，可以彻底打破时间和空间的限制。首先，在线交流平台允许中外教师在更加灵活的时间和地点进行沟通和交流。无论是身处不同的国家、地区，还是面临时区差异，教师们都可以随时登录平台，分享教学心得、讨论学术问题或进行课程合作。这种灵活性极大地提高了教师们之间的交流频次和交流深度。其次，在线交流平台还可以为教师们提供多样化的交流方式，如文字聊天、语音通话、视频会议等。这些方式不仅可以满足不同教师的交流需求，还能更加直观地展示教学内容和教学方法，从而提升交流效果。

2. 有效降低交流成本,提高交流效率

搭建在线交流平台不仅打破了时间和空间的限制,还能有效降低中外教师的交流成本,提高交流效率。首先,从经济成本的角度来看,传统的面对面交流或长途电话交流需要支付昂贵的旅费和通信费。而在线交流平台通常只需支付较低的网络费用,甚至很多平台都提供免费的基本服务,这大大降低了教师们的交流成本。其次,在线交流平台还能提高交流效率。在平台上,教师们可以迅速找到志同道合的同行,建立联系并开始交流。同时,平台通常具备文件共享、屏幕共享等功能,使得教师们可以更加便捷地分享教学资源和经验,减少信息传递的延误和误解。此外,通过在线交流平台,中外教师还可以进行异步交流。即使双方不能同时在线,也可以通过留言、邮件等方式进行沟通。这种异步交流方式给了教师们更多的思考时间和空间,使得交流更加深入和全面。

除了上述提到的优势外,搭建在线交流平台还有助于建立长期稳定的合作关系。通过持续的在线交流,中外教师可以逐渐建立起深厚的友谊和信任基础,进而开展更深入的学术合作和教学研讨。这种合作关系的建立对于提升教师们的教学水平和学术能力具有积极意义。

第五章　中外合作办学对高等教育
国际化的推动

第一节　中外合作办学在高等教育国际化
中的地位与作用

一、中外合作办学在高等教育国际化中的地位

(一)桥梁与纽带

1. 中外合作办学作为高等教育国际化的桥梁

中外合作办学在高等教育国际化中,首先充当了桥梁的角色。随着全球化的不断推进,各国之间的交流与合作日益频繁,高等教育领域也不例外。中外合作办学正是这种交流与合作的重要体现,它将国内高校与国外高校紧密地连接在一起,形成了一个跨越国界的学术共同体。在这个桥梁的作用下,国内高校得以与国外高校进行深度的学术交流和资源共享。这不仅包括互派教师、学生交流等常规合作项目,还涉及共同开展科研项目、联合培养学生等更深层次的合作。通过这些交流与合作,国内高校能够更好地了解国际高等教育的最新动态,借鉴国外的教育理念和教学方法,从而提升自身的教育水平和国际竞争力。此外,中外合作办学还

为国内学生提供了更多接触和了解国际文化的机会。在合作办学项目中,学生可以获得更广阔的学术视野和更丰富的国际教育资源,这对于培养具有国际视野和跨文化交流能力的人才至关重要。

2. 中外合作办学作为高等教育国际化的纽带

除了作为桥梁连接国内外高校外,中外合作办学还充当了高等教育国际化中的纽带。这种纽带作用主要体现在促进国内外高等教育体系的相互融合与借鉴,以及推动教育资源的优化配置。通过中外合作办学,国内高校可以借鉴国外课程体系、教学方法和评价机制,结合自身的实际情况进行消化吸收,从而推动本土高等教育体系的改革与创新。同时,国外高校也可以通过合作办学项目更好地了解中国的高等教育环境和市场需求,为其在全球范围内拓展教育业务提供参考和借鉴。此外,中外合作办学还有助于优化教育资源的配置。在国内外高校的共同努力下,可以实现教育资源的互补与共享,提高教育资源的利用效率。例如,通过合作办学项目,国内高校可以充分利用国外高校的优质教育资源,如先进的实验室、图书馆等硬件设施,以及优秀的师资力量和科研团队等软件资源,从而提升自身的办学水平和综合实力。

3. 中外合作办学加速高等教育国际化进程

中外合作办学不仅作为桥梁和纽带连接了国内外高等教育,更重要的是它作为一种特殊的办学模式,具有加速高等教育国际化进程的作用。通过借鉴国外的教育理念、教学方法和教育资源,中外合作办学为国内高校注入了新的活力和动力,推动了其向更高水平、更宽领域的发展。首先,中外合作办学有助于国内高校提升教育质量和教学水平。通过与国外高校的深度合作,国内高校可以借鉴其成功的教学经验和管理模式,结合自身的实际情况进行改进和创新。这不仅可以提高教师的教学能力和专业素养,还可以激发学生的学习兴趣和创新精神,从而培养出更多具有国际竞争力的高素质人才。其次,中外合作办学有助于扩大国内高校的国际影响力。通过与国外知名高校的合作办学项目,国内高校可以提升自身的品牌形象和知名度,吸引更多的国际学生和学者前来交流学习。这不仅可以增强国内高校的国际化氛围和多元文化特色,还可以为其在全球范围内拓展教育合作与交流提供更多机会和平台。最后,中外合作办学还有助于推动国内高等教育的改革与创新。在合作办学过程中,国内外高校可以共同探讨教育教学的改革方向和创新路径,共同研发新的课程体系和教学方法。这将有助于国内高等教育体系的不断完善和优化,提高教育质量和效益。

(二)试验田与先行者

1. 中外合作办学是高等教育改革的试验田

中外合作办学在高等教育国际化中,不仅是一个交流的平台,更是一块宝贵的试验田。在合作办学的过程中,国内高校获得了与国外教育模式和管理经验直接接触的宝贵机会。这些教育模式涵盖了教学方法、课程设计、学生评估等多个方面,为国内高校提供了改革的参考蓝本。作为试验田,中外合作办学允许国内高校在一个相对独立且灵活的环境中,尝试并实践这些先进的教育模式。例如,通过借鉴国外的问题导向学习(PBL)、翻转课堂等教学方法,国内教师可以亲身体验并评估这些方法在提高学生学习效果、培养其批判性思维和问题解决能力方面的实际效果。同时,通过合作办学,国内高校还可以试验不同的课程设计理念,如跨学科课程、实践课程等,以更好地满足学生的多元化需求和社会的发展需要。

2. 中外合作办学为高校改革提供先行先试的机会

中外合作办学为国内高校提供了先行先试的平台。在传统的教育体制中,大规模的改革往往面临着诸多阻力和不确定性。然而,在合作办学项目中,由于规模相对较小、灵活性较高,国内高校可以更加迅速地实施并测试新的教育改革措施。这种先行先试的机会对于国内高校而言至关重要。它允许高校在较小的范围内试验新的教育理念、教学方法和管理模式,观察其实施效果,并根据实际情况进行调整和优化。这种"快速迭代"的改革模式,不仅有助于高校及时发现并修正改革中存在的问题,还能够为其他高校提供可复制的成功经验。此外,通过合作办学中的先行先试,国内高校还可以积累大量的实践经验,培养一批熟悉国际化教育的师资队伍和管理团队。这些经验和人才将为高校未来的全面改革提供有力的支撑。

3. 中外合作办学为全国高等教育改革提供经验和启示

中外合作办学不仅对国内参与的高校有着重要的改革推动作用,同时也对全国范围内的高等教育改革产生了深远的影响。通过合作办学项目,国内高校可以积累丰富的国际化教育经验,这些经验包括但不限于课程设置国际化、教学方法创新、评价体系改革等。这些宝贵的经验可以为其他高校提供有益的参考和借鉴,推动整个高等教育系统的持续改进和优化。例如,合作办学中成功的课程设计案例,可以成为其他高校课程改革的重要参考;创新的教学方法和管理模式,也可以被其他高校借鉴并应用到自身的教育实践中。更重要的是,中外合作办学所带来的国际化视野和跨文化交流能力,对于培养全球化时代所需的高素质人才具有重要意义。这种人才培养模式的转变,将为我国高等教育改革指明新的方向,并提供源源不断的动力。

二、中外合作办学在高等教育国际化中的作用

(一)优质教育资源的引进

1. 借鉴先进的课程体系设置,丰富教学内容

中外合作办学的一个重要成果就是能够借鉴国外优秀的课程体系设置。这些课程体系往往经过了长时间的实践检验和不断的完善,具有较高的教育价值和实用性。通过合作办学,国内高校可以直接借鉴这些成熟的课程体系,从而极大地丰富了教学内容。这种课程体系的借鉴,不仅让学生接触到了更广阔的知识领域,还为他们提供了更多元化的学习选择。比如,一些国外高校在商学、工程学、艺术设计等领域有着深厚的积累,通过合作办学,这些优质课程资源得以进入国内课堂,使学生在本土就能接受到国际水准的教育。此外,借鉴的课程体系设置方式通常包含大量的实践环节和案例分析,这有助于学生将理论知识与实际应用相结合,提高他们的实践能力和问题解决能力。这种教学模式的转变,对于培养新时代所需的应用型人才至关重要。

2. 借鉴创新的教学方法,提高教学质量

除了课程体系,中外合作办学还能借鉴国外创新的教学方法。这些教学方法的借鉴,对国内教师的教学理念也产生了深远的影响。它促使教师从单纯的知识传授者转变为学生学习过程的引导者和促进者。这种角色的转变,不仅提高了教师的教学质量,还为

学生创造了一个更加开放、包容的学习环境。同时，通过合作办学引进的教学方法还常常包括使用一些技术手段辅助教学，如在线教育平台、虚拟现实技术等。这些技术手段的运用，使得教学更加生动、形象，提升了学生的学习效果和体验。

3. 引入优秀的外籍教师和教材，提升学生的国际视野

中外合作办学还为国内高校带来了优秀的外籍教师和原版教材。这些外籍教师通常具有丰富的国际教学经验和深厚的学术背景，他们的加入不仅提高了师资队伍的整体水平，还为学生带来了全新的学习体验。外籍教师可以通过自身的经验和知识，向学生传授国际化的学习方法和思维方式，帮助学生更好地适应全球化。

（二）推动教育教学改革

1. 合作办学促使课程设置国际化

中外合作办学的过程中，国内高校首要面对的挑战就是课程设置的改革。这一过程中，国内高校不仅引入了更多涉及国际视野、跨文化交流的课程，还增加了关于全球问题、国际经济、世界历史等内容的课程，旨在培养学生的全球意识和国际竞争力。同时，合作办学也推动了课程的整合与创新。国内高校开始尝试与国外高校共同开发课程，将国内外的学术资源和教育理念融合在一起，形成更具国际化和前瞻性的课程内容。这种课程设置的改革，不仅丰富了学生的学习体验，也为他们未来在国际舞台上发展奠定了坚实的基础。

2. 合作办学引领教学方法的革新

教学方法的改革是中外合作办学带来的另一重要影响。传统的教学方式往往以教师为中心，侧重于知识的单向传授。然而，在合作办学的过程中,国内高校接触到了更多以学生为中心、注重实践和创新的教学方法。例如,项目式学习、翻转课堂、案例教学等教学方法被广泛引入国内课堂。这些方法强调学生的主动性和创造性,鼓励他们通过实践、探究和合作来解决问题。这不仅激发了学生的学习兴趣,还培养了他们的创新思维和问题解决能力。此外,合作办学还推动了教育技术的融合应用。国内高校开始积极引进和开发在线教育工具、虚拟现实技术等先进教学手段,为学生提供更加多元、个性化的学习体验。这些教学方法的革新,极大地提升了国内高校的教学水平和人才培养质量。

3. 合作办学推动评价体系的完善

评价体系的改革也是中外合作办学带来的重要变化之一。传统的以考试成绩为主的评价方式已经无法满足国际化的教育需求。在合作办学的过程中,国内高校开始借鉴国外高校的评价体系,注重对学生综合能力、创新思维和团队协作能力的考查。新的评价体系更加多元化和全面化,包括学生的课堂表现、项目完成情况、论文发表、社会实践等多个方面。这种评价方式不仅能够更全面地反映学生的综合素质和能力水平,还能够激励他们积极参与课外活动和实践项目,提升自己的综合能力。同时,合作办学也推动了国内高校与国际接轨的步伐。通过参与国际性的评估和认证体系,如 QS 世界大学排名、国际学生评估项目(PISA)等,国内高校可以了解自己在全球教育领域的地位和水平,进一步明确改革方向和目标。这种与国际接轨的评价体系不仅提升了国内高校的国际影响力,还为其吸引了更多优秀的国际学生和教师资源。

（三）促进师生国际交流

1. 拓宽师生的国际视野，领略多元文化

中外合作办学项目为国内师生打开了一扇通向世界的窗户。通过这些项目，师生们有机会走出国门，亲身感受不同的文化环境、社会制度和教育方式。在国外高校的学习交流中，他们可以直接观察到异国的生活方式、价值观念和人际交往方式，从而更加深刻地理解世界的多元性。这种跨文化的学习经历，对于师生们来说是一次宝贵的成长机会。它不仅帮助师生们拓宽了视野，增长了见识，更让他们在对比中认识到自身文化的独特性和其他文化的特点。这种对多元文化的认识和尊重，是培养师生们全球公民意识的重要基础，也是他们未来在国际舞台上取得成功所不可或缺的素质。

2. 接触不一样的教育理念，感受不同的学术氛围

在合作办学项目中，国内师生不仅能够领略到国外的风土人情，更能够深入接触到国外高校的教育理念和教学方法。这些理念和方法往往注重学生的主体性、批判性思维和创新能力的培养，与国内传统的教育模式形成鲜明对比。通过与国外高校师生的深入交流，国内师生可以更加全面地了解国际学术前沿和动态，为自身的学术研究和职业发展奠定坚实的基础。这种教育理念和学术氛围的熏陶，对于培养具有国际视野和竞争力的高素质人才具有重要意义。

3. 培养具有国际竞争力的人才

中外合作办学项目为国内师生提供了与国际接轨的教育资源和学术环境，这对于培养具有国际竞争力的高素质人才至关重要。

通过这些项目,师生们可以接触到一些较为先进的科学技术、前沿的学术研究和最丰富的实践经验。在国外高校的学习经历,让国内师生更加熟悉国际规则和惯例,提高了他们在国际市场上的竞争力和适应能力。同时,中外合作办学项目还常常包括实习、实践等环节,让师生们有机会将所学知识应用到实际工作中,提高他们的实践能力和解决问题的能力。此外,中外合作办学项目还培养了师生们的跨文化交流能力和外语能力。这些能力是他们未来在国际舞台上取得成功所必备的素质。通过这些项目的培养,国内师生将更加自信、开放和包容地面对世界的多元性和复杂性。

(四)提升高校国际影响力

1. 扩大国际知名度,吸引国际学生与学者

中外合作办学的一个重要成果是显著提升了国内高校的国际知名度。当国内高校与国外知名高校携手合作,这种联手本身就是一种强有力的宣传。合作项目的开展,往往能够吸引众多国际媒体和教育界的关注,从而使国内高校的名字在国际上得到更广泛的传播。随着知名度的提升,国内高校开始吸引更多的国际学生和学者前来交流学习。这些学生和学者来自世界各地,他们带来了多元的文化和学术观念,进一步丰富了校园的国际化氛围。他们的到来,不仅增加了学校的多样性,也为学校注入了新的活力和创新思维。

2. 提升在国际高等教育领域的地位和影响力

随着中外合作办学项目的深入,国内高校在国际高等教育领域的地位和影响力也逐渐提升。这种提升不仅体现在学术交流的频次和层次上,还体现在国际高等教育组织中的参与度和话语权

上。国内高校通过合作办学项目,不仅展示了自身的教育实力和研究水平,还积极参与国际高等教育规则的制定和讨论。这种积极的参与和贡献,使国内高校在国际高等教育舞台上扮演了越来越重要的角色。此外,合作办学项目还促进了国内外高校之间的科研合作。通过共同开展研究项目、共享研究资源,国内高校有机会在国际学术界发表更多高质量的研究成果,进一步提升其在国际高等教育领域的学术地位。

(五)人才培养

1. 接触多元文化,培养全球意识

中外合作办学项目为学生提供了一个独特的平台,使他们有机会亲身接触和体验多元化的文化环境。在这样的项目中,学生不再局限于传统的、单一的文化和教育体系,而是可以深入了解不同国家和地区的文化背景、社会习俗、价值观念等。这种多元化的文化体验对学生来说是无价的财富。它不仅帮助学生开阔眼界,了解世界的多样性,更重要的是,它有助于培养学生的全球意识。在全球化的今天,具备全球意识的人才能够更好地适应多变的国际环境,更深入地理解不同文化间的差异,从而做出更为明智和全面的决策。

2. 锻炼跨文化交流能力

在中外合作办学项目中,学生不仅需要学习专业知识,更需要与来自不同文化背景的同学、教师进行交流与合作。这种交流并不是简单的语言沟通,而是涉及深层次的文化理解和适应。通过与不同文化背景的人交往,学生可以逐渐学会如何在跨文化环境中进行有效的沟通,如何处理文化差异带来的误解和冲突。这种

跨文化交流能力,不仅对学生的个人成长有着巨大的推动作用,更对他们未来的职业发展具有不可忽视的价值。在全球化的工作环境中,能够流利地进行跨文化沟通的人才无疑更具竞争力。

3. 增强国际化视野,提升职业竞争力

中外合作办学项目的最终目标是培养具有国际化视野的高素质人才。这种视野不仅要求学生具备扎实的专业知识,还要求他们能够从全球的角度去思考问题,去理解和解决国际性的挑战。具备国际化视野的学生,在未来的职业发展中将更具竞争力。无论是在国际企业、政府机构还是非营利组织,他们都能够迅速适应多变的工作环境,与来自不同文化背景的同事有效合作,共同推动项目的成功。此外,中外合作办学项目还为学生提供了与国际接轨的教育资源和学术环境。这意味着学生在校期间就有机会接触到最前沿的科学技术、最先进的管理理念,从而为他们未来的职业发展奠定坚实的基础。

第二节　中外合作办学推动高等教育国际化的案例分析

一、中英国际学院的探索实践

(一)办学历程

上海理工大学中英国际学院于 2006 年经教育部正式批准成立,这不仅是教育国际化进程中的一个重要里程碑,更是中国高等教育与国际接轨、引入优质教育资源的典范。作为为数不多拥有

计划外自主招生资格的中外合作办学机构,该学院在招生、教学和管理等方面都享有高度的自主权,这为学院根据市场需求和教育发展趋势灵活调整办学策略提供了有力保障。更为独特的是,中英国际学院是少数采用"一对多"合作办学模式的中外合作办学大学学院之一。这种模式意味着学院不仅与一所,而是与多所国外知名大学建立了深度的合作关系,共同开发课程、互派师资、开展科研合作等。这种多元化的合作方式为学生提供了更为广阔的学习资源和国际视野。在教学层次上,中英国际学院主要实施本科层次学历学位教育和外国学士学位教育。学院引进了一系列国际化的课程体系,结合中国的教育实际,旨在培养既具有国际竞争力又深谙本土文化的复合型人才。学生通过在学院的学习,不仅能够获得国内认可的学历学位,还有机会获得国外合作大学的学士学位,从而增强其在国内外就业市场上的竞争力。总的来说,上海理工大学中英国际学院凭借其独特的合作办学模式、灵活自主的招生政策以及国际化的教育体系,为中国学生提供了一条通往国际教育的便捷之路,也为国家培养了大量具有国际视野和跨文化交流能力的优秀人才。图 5-1 为英国合作大学。

(二)学术架构

1. 学术架构:构建国际化教育体系

中英国际学院的学术架构是其国际化教育的重要支撑。学院自成立以来,就致力于引进海外大学优质教育资源,以构建成体系、集约化、高质量的国际化教育模式。通过与英国多所知名高校的合作,中英国际学院形成了独特的"一对多"合作办学模式,这种模式不仅为学生提供了多元化的学习路径,还使得学院能够充

图 5-1　英国合作大学

分利用和整合国际优质教育资源。中英国际学院通过与英国谢菲尔德大学、利兹大学等高校的合作,引进了大量优质的教育资源。这些资源包括先进的课程体系、教学方法以及丰富的学术资料,为学生提供了与国际接轨的学习环境。中英国际学院建立了完善的学术管理制度,包括课程设置、教学质量监控、学术评估等方面。这些制度确保了学院的教学质量和学术水平,为学生提供了高质量的教育服务。

2. 管理学院:培养国际化管理人才

管理学院是中英国际学院的重要组成部分,致力于培养具有国际视野和领导能力的管理人才。管理学院的课程设置紧跟国际管理教育的最新趋势,引入了英国先进的管理理念和教学方法。全英文授课和国际化案例教学,帮助学生掌握现代管理知识和技能。管理学院注重学生的实践能力和职业发展。通过与企业和行业的紧密合作,为学生提供丰富的实习机会和职业发展资源。此外,学院还定期举办职业发展讲座和招聘会,帮助学生了解行业动态和就业市场。

3. 工程与计算学院:打造国际化工程教育品牌

工程与计算学院是中英国际学院的另一大特色学院,专注于培养具有国际竞争力的工程技术人才。工程与计算学院引进了英国先进的工程教育体系,包括课程设置、实验设施以及教学方法等。这些先进的教育资源为学生提供了与国际接轨的工程教育环境,有助于培养他们的创新思维和实践能力。工程与计算学院注重产学研合作与创新。通过与企业、研究机构的紧密合作,推动科研成果的转化和应用。此外,学院还鼓励学生参与科研项目和创新创业活动,培养他们的创新意识和实践能力。

4. 语言、教育与文化学院:跨文化交流与传承

语言、教育与文化学院在中英国际学院中扮演着重要角色,致力于培养学生的跨文化交流能力和对多元文化的理解。该学院提供丰富的语言课程和文化交流活动,帮助学生提高英语水平并深入了解不同文化背景。通过模拟联合国、文化节等活动,增强学生的跨文化意识和交流能力。语言、教育与文化学院还致力于教育研究与实践。通过与国际教育机构的合作与交流,推动教育创新和教学改革。同时,学院还关注学生的个性化发展,提供多样化的教育服务和支持。

(三)专业方向

1. 多元化的专业方向设置

中英国际学院为满足全球化背景下不同领域的需求,精心设置了多元化的专业方向。其中,商科和工科两大类专业的设置,不

仅体现了学院对于市场需求的敏锐洞察,更彰显了其培养国际化人才的决心。在商科领域,工商管理专业致力于培养掌握现代企业管理理论和实践技能的学生。这一专业的学生将深入学习企业战略、市场营销、人力资源管理等方面的知识,以适应快速变化的商业环境。会展经济与管理专业则更侧重于培养具备会展策划、运营和管理能力的专业人才。随着会展行业的蓬勃发展,这一专业的学生将具备策划、组织和管理各类会展活动的能力,为行业的持续发展注入新的活力。在工科领域,机械设计制造及其自动化专业注重培养学生的机械设计、制造和自动化技术方面的能力。这一专业的学生将掌握先进的机械设计理论和制造技术,为制造业的转型升级贡献力量。电子信息科学与技术专业则侧重于培养学生在电子信息领域具备扎实的理论基础和实践能力。在信息技术日新月异的今天,这一专业的学生将具备处理复杂电子信息问题的能力,为科技社会的发展提供技术支持。

2. 英语语言成绩的全球认可

中英国际学院在英语语言教学方面的卓越表现,使其学生的英语语言成绩获得了全球超过 50 所大学的认可。这一认可不仅体现了学院在英语语言教学上的高水平,更为学生提供了更广阔的发展空间和机会。学院采用的国际先进英语教学方法和全英文授课环境,为学生创造了沉浸式的英语学习氛围。在这种环境下,学生不仅能够快速提高英语水平,更能培养其跨文化交流的能力。因此,中英国际学院的学生在英语语言考试中往往能取得优异的成绩,这些成绩被全球众多知名大学所认可,为学生未来的学术和职业发展奠定了坚实的基础。

3. 国际化教育的深远影响

中英国际学院的专业方向设置和英语语言教学成绩的被认

可,都是其国际化教育理念的体现。这种教育理念不仅为学生提供了与国际接轨的学习环境和资源,更培养了他们的国际视野和跨文化交流能力。在全球化日益加速的今天,具备国际化教育背景的人才显得尤为重要。中英国际学院正是通过其独特的合作办学模式和国际化教育理念,为学生打造了这样一个平台。在这里,学生不仅能够学到专业知识,更能培养全球意识和跨文化交流的能力,为未来的职业发展和国际合作打下坚实的基础。

(四)师资队伍

1. 师资队伍的组成

中英国际学院的师资队伍具有显著的国际化特色,这得益于学院"一对多"的国际化办学优势和丰富的国际教育资源。目前,学院拥有来自20多个不同国家和地区的教职员工共计120人,这一多元化的师资背景为学院注入了丰富的国际元素和全球视野。在这支队伍中,外籍教师的比例超过了70%,他们在学术教师中占据了主导地位,为学院的教学和科研带来了国际化的视角和方法。学院在招聘教师时,注重教师的学术背景和教学经验,确保每位教师都具备深厚的专业知识和优秀的教学能力。同时,学院还鼓励教师之间的学术交流和合作,以促进不同文化背景下的教育融合和创新。这种多元化的师资队伍构成为中英国际学院的教学质量提供了有力保障。

2. 外籍教师的作用

外籍教师在中英国际学院的师资队伍中扮演着举足轻重的角色。外籍教师通常具有丰富的国际教育背景和教学经验,能够为学生提供高质量的英语教学和专业的学术指导。此外,外籍教师还积极参与学院的科研工作和学术交流活动,与本土教师共同合作,推动学院的学术研究和国际交流。他们的参与不仅提升了学院的科研水平,也为学生提供了更多的学术机会和资源。

3.师资队伍对学院发展的推动

中英国际学院的师资队伍是推动学院发展的重要力量。首先,师资队伍的国际化特色为学院吸引了众多优秀的国际学生,提高了学院的国际影响力。这些学生来到学院,不仅能够接受到高水平的国际教育,还能与来自不同文化背景的教师和同学进行交流和互动,拓宽自己的国际视野。师资队伍的专业素养和教学能力为学院的教学质量提供了有力保障。教师们注重培养学生的创新思维和实践能力,通过丰富多样的教学方法和手段激发学生的学习兴趣和潜力。这种以学生为中心的教学理念使得中英国际学院的学生在学术和职业发展方面都取得了优异的成绩。师资队伍的科研能力和学术成果也为学院的发展做出了重要贡献。教师们积极参与各类科研项目和学术交流活动,不仅提升了学院的科研水平,也为学院赢得了良好的学术声誉。这些科研成果和学术成果进一步推动了学院的教学改革和创新发展。

(五)招生项目

上海理工大学中英国际学院目前在校生人数为1 900人,这一数字不仅代表了学院的人气和吸引力,也反映了其教育品质得到了广大学生和家长的认可。值得一提的是,学院对计划内学生和计划外学生实行"一体化"管理。这种管理方式确保了教育资源的公平分配,让每位学生都能在平等、公正的环境中接受教育。通过一体化管理,学院有效消除了计划内外学生的差异,促进了学生之间的交流与融合,营造了一个和谐、积极的学习氛围。这一管理模式不仅体现了上海理工大学中英国际学院的教育理念和人文关怀,也为学生提供了一个更加宽广的成长平台,有助于培养他们的团队协作能力和社会责任感。

表 5-1　招生项目

项目	计划内统招		计划外自主招生		中留服招生
招生学生	国内	国际	国内	国际	国内
培养路径	4+0	4+0	4+0,2+2,2+1+1	4+0,3+0,2+2,1+2	1+3 出国留学培训
招生人数	130 人/年	/	345 人/年	/	/
授予学位	中英双方学位		英国合作大学学位		外方学位

(六)双学位教育

中英国际学院与英国知名大学合作,共同设计了独特的双学位课程。这些课程结合了中英两国的教育优势,旨在培养具有国际视野和跨文化交流能力的复合型人才。学生通过学习,可以获得两个国家的学位,从而增强其国际竞争力。为了保障双学位教育的质量,中英国际学院引进了丰富的国际化教学资源,包括外籍教师、国际教材以及先进的教学设备等。这些资源为学生提供了与国际接轨的学习环境和条件,有助于培养他们的国际竞争力。表 5-2 为中英国际学院双学位教育。

表 5-2　双学位教育

本科专业	中英双方合作大学
会展经济与管理	上海理工大学、哈德斯菲尔德大学
工商管理	上海理工大学、谢菲尔德哈勒姆大学
机械设计制造及其自动化	上海理工大学、利物浦约翰摩尔大学
电子信息科学与技术	

（七）学术科研

中英国际学院的一项科研成果成功登上国际顶级学术期刊《Science》的正刊，这一里程碑式的成就不仅彰显了学院在科研领域的深厚实力，更是对学院多年来持续加强国际交流与合作、积极推动由教学型向教学科研型转变的战略决策的有力印证。这项科研成果的取得，凝聚了中英国际学院科研团队的智慧和汗水。团队成员通过深入研究、精心实验，最终攻克了科研难题，取得了这一世界级的科研成果。这一成果的发布，不仅为学院赢得了国际学术界的广泛认可和赞誉，也为学院的科研事业注入了新的活力和动力。中英国际学院一直致力于提升科研水平，加强与国际知名学术机构的交流与合作。此次科研成果的取得，正是学院国际化发展战略和科研创新战略相结合的典范。它不仅证明了中英国际学院在科研领域的专业能力和国际影响力，也为学院未来的科研发展指明了方向。这一重大科研成果的取得，标志着中英国际学院在科研领域迈上了新的台阶，也为学院的教学和科研工作提供了新的契机。未来，中英国际学院将继续深化国际交流与合作，加强科研创新，为推动学院的全面发展贡献力量。同时，这一成果也将激励更多的师生投身科研工作，为学院的科研事业注入更多的活力和创造力。图 5-2 为学术科研截图。

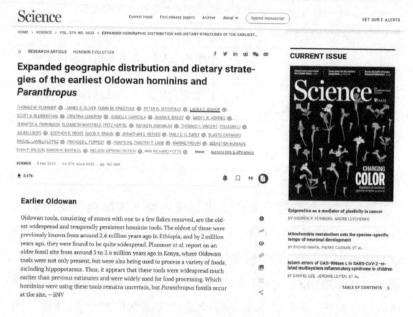

图 5-2　学术科研截图

（八）中英国际学院的创新创业

2019 年第五届中国国际"互联网+"大学生创新创业大赛全国银奖

2021 年学院成为首批 38 家上海市学生（青少年）科创教育基地之一

2021 年第七届中国国际"互联网+"大学生创新创业大赛全国银奖

2023 年第十八届"挑战杯""黑科技"专项赛恒星级奖项国家级一等奖

2023 年第九届中国国际"互联网+"大赛高教主赛道国家级
金奖

2023 年第九届中国国际"互联网+"大赛国际赛道上海市金奖

2023 年中美青年创客大赛上海市金奖、最佳创意奖

二、中外合作办学推动高等教育国际化的作用

(一)有助于引进优质教育资源

1.借鉴先进的教育理念与教学方法

中外合作办学通过借鉴国外高水平大学的教育理念,使得中国的高等教育更加贴近国际前沿。这些先进的教育理念,如以学生为中心、实践导向、创新教育等,都在合作办学中得到了很好的体现。同时,国外的教学方法,如翻转课堂、案例教学、项目式学习等,也被引入到国内课堂,极大地改变了传统的教学方式。这种引进不仅让国内学生能够体验到与国际接轨的教育模式,更重要的是培养了他们的主动学习能力和批判性思维。学生们在这种环境下,不再是被动地接受知识,而是学会了如何主动地获取知识、分析问题、解决问题。这对于他们未来的学术研究和职业发展都是非常有价值的。

2.引入丰富的课程体系

中外合作办学还引入了国外丰富的课程体系,这些课程不仅包括专业知识,还涵盖了人文、社会科学等多个领域。这种多元化的课程体系让学生有更多的选择空间,可以根据自己的兴趣和职业规划来选择合适的课程。此外,这些课程通常都是由国外优秀教师授课,他们不仅带来了专业的知识,还为学生们提供了一个与

国际接轨的学术环境。学生们在这种环境下学习,不仅能够拓宽自己的知识视野,还能够培养他们的国际视野和跨文化交流能力。

3. 吸引优秀教师资源

中外合作办学还吸引了大量的优秀教师资源。这些教师通常都具有丰富的国际教学经验和深厚的学术背景,他们的加入极大地增强了中国高等教育的师资力量。这些优秀教师不仅为学生提供了高质量的教学服务,还为他们带来了与国际接轨的学术氛围。学生们在与这些教师的互动中,不仅能够学到专业知识,还能够培养他们的创新思维和研究能力。同时,这些教师的加入也促进了中外文化的交流与融合,为学生们提供了一个更加开放、多元的学习环境。

(二)促进中西文化交流与融合

1. 教育理念与方式的碰撞与融合

在中外合作办学的过程中,中西方的教育理念得以充分交流和碰撞。这两种不同的教育理念在合作办学中相遇,为学生带来了全新的教育体验。同时,教学方式也在这个过程中发生了融合。中方教师擅长系统讲授和解题技巧,而外教则更倾向于引导学生自主学习、开展小组讨论和实践操作。这种融合的教学方式不仅提高了学生的学习兴趣,还有助于培养他们的自主学习能力和团队协作精神。

2. 学术氛围的交融与提升

中外合作办学还为学术氛围的交融提供了机会。中方高校严谨的学术态度和扎实的理论基础,与西方高校开放、自由的学术氛围相结合,为学生创造了一个更加宽松、包容的学习环境。在这种环境下,学生敢于质疑、勇于探索,有助于培养他们的创新思维和科学精神。此外,中外合作办学还促进了科研合作与学术交流。这种学术氛围的交融与提升,不仅有助于学生的个人成长,还对推动整个学术界的进步具有重要意义。

3. 文化理解与尊重的增进

中外合作办学不仅为国内学生提供了了解西方文化的机会,同时也为国外学生打开了一扇了解中国文化的窗口。通过共同的学习和生活经历,中外学生得以深入交流、互相学习,从而增进了对彼此文化的理解和尊重。这种文化的交流与理解不仅有助于培养学生的国际视野和跨文化沟通能力,还为他们未来的国际交流与合作打下了坚实的基础。同时,通过中外合作办学这一平台,中国文化得以向世界展示其独特魅力和深厚底蕴,增强了文化自信和民族自豪感。

(三)提供多元化的学习选择

1. 融合中西教育优势,提供丰富课程内容

中外合作办学项目通常融合了中西方的教育优势,这意味着学生可以在一个平台上同时接触到两种不同但互补的教育体系。中国的教育注重基础知识的深度和广度,而西方的教育则通常更加强调实践、创新和批判性思维。通过合作办学,这两者得到了完美的结合。这种结合最直接地体现在课程内容的丰富性上。合作办学项目提供的课程不仅涵盖了传统的学科知识,还增加了许多前沿的、跨学科的课程,如人工智能、数据科学、环境保护等。这为学生提供了更多的选择空间,他们可以根据自己的兴趣和职业规划,选择最适合自己的课程组合。

2. 满足个性化学习需求，促进学生全面发展

每个学生都是独一无二的，他们有着不同的兴趣、优势和职业规划。中外合作办学项目充分考虑到了这一点，为学生提供了个性化的学习路径。学生可以根据自己的特点，选择不同的专业方向、课程组合和实践机会，从而实现全面的发展。例如，对艺术感兴趣的学生，可以选择与西方著名艺术学院合作的项目，深入研究艺术史、艺术评论和创作实践；而希望从事国际商务的学生，则可以选择与国际商学院合作的项目，学习全球市场营销、跨国公司管理等课程。

3. 提供国际化教育环境，培养学生全球视野

中外合作办学项目通常具有国际化的教育环境，这为学生提供了与来自不同文化背景的同学交流和学习的机会。在这样的环境中，学生不仅可以提高自己的语言能力，还可以培养全球视野和跨文化沟通能力。更重要的是，这种国际化的教育环境为学生提供了更多的实践机会。许多合作办学项目都会安排学生到国外的企业或机构进行实习，这不仅可以增强学生的实践能力，还可以帮助他们建立国际人脉，为未来的职业发展打下坚实的基础。

（四）推动高等教育改革与创新

1. 借鉴国外的教育理念

中外合作办学为国内高校打开了一扇了解和学习国外教育理念的窗户。例如，以学生为中心的教育理念、实践导向的教学模式、注重创新能力和批判性思维的培养等。通过合作办学，国内高校的教师和管理者可以直接接触到这些教育理念，进而改进自身的教学模式和方法。这种借鉴和学习不仅有助于提高教育质量，还能更好地满足学生的个性化需求,推动中国高等教育向更加人性化、科学化的方向发展。

2. 了解和借鉴国外的管理模式

除了教育理念,中外合作办学还为国内高校带来了国外高校的管理模式。这些管理模式通常更加注重学生的自主发展、教师的专业成长以及学校的战略管理。例如,学生事务管理、教师评估体系、教学质量监控等方面的做法,都可以通过合作办学被国内高校所借鉴。通过学习这些管理模式,国内高校可以优化自身的组织结构和管理流程,提高工作效率,从而更好地服务于教学和科研。同时,这也有助于提升国内高校的管理水平,使其更加接近国际先进水平。

3. 促进学术交流与合作,推动科研创新

中外合作办学还为高校之间的学术交流与合作提供了广阔的平台。在合作办学的过程中,中外教师可以共同开展研究项目,分享研究方法和成果,从而推动学科的发展和创新。这种学术交流与合作不仅有助于提升教师的科研能力,还能为学生提供更多的实践机会和学术资源。此外,中外合作办学还为国内高校引入了更多的国际科研资源。通过与国外高校的合作,国内高校可以接触到更多的前沿科研成果和先进技术,进而提升自身的科研水平。这种资源的引入不仅有助于推动国内高校的科研创新,还能为中国高等教育的整体发展提供有力的支持。

第三节 中外合作办学对高等教育国际化的未来影响与展望

一、推动教育资源与理念的融合

(一)推动教育资源的共享与交流

中外合作办学通过建立合作机制,实现了国内外高校间的资源共享与交流。这种合作模式打破了地域限制,让国内高校能够接触到更多国际优质教育资源。例如,一些合作办学项目引进国外的教学资料和实验设备,为学生提供了更广阔的学习空间和更先进的实践平台。这不仅丰富了学生的学习内容,还提高了他们的实践能力和创新能力。同时,中外合作办学也促进了国内外高校之间的学术交流。通过定期的学术研讨会、教师互访等形式,国内外学者可以共同探讨学术问题,分享研究成果,从而推动学术进步和发展。这种学术交流不仅提升了国内高校的学术水平,也为学生提供了更多的学术资源和研究机会。

(二)为师资队伍的国际化培训提供平台

中外合作办学还为国内高校师资队伍的国际化培训提供了难得的平台。通过合作项目,国内教师可以获得前往国外高校进修学习的机会,亲身感受国外的教育环境,了解国际前沿的学术动态和教育理念。这种国际化的培训经历不仅能够提升教师的专业素养和教学能力,还能够拓宽他们的国际视野,增强其跨文化交流能力。同时,合作办学项目还促进了国内外教师之间的交流与合作。

国内教师可以通过参与国际合作项目、共同开展学术研究等方式，与国外教师建立紧密的合作关系，共同推动学术进步和教育创新。这种师资队伍的国际化培训与交流，对于提升国内高等教育的教学质量和研究水平具有重要意义。

二、提升学术研究与人才培养质量

（一）学术研究的新视角与资源共享

中外合作办学为学术研究打开了一扇全新的窗户。传统的学术研究往往受限于地域和资源，而中外合作办学则打破了这一局限。通过合作，中外学者可以共享彼此的研究资源，包括数据、文献、实验设备等。这种资源的共享不仅丰富了研究材料，还为学者们提供了更多的研究思路和方法。更重要的是，中外合作办学促进了中外学者之间的联合研究项目。这些项目往往聚焦于全球性问题或前沿科技，需要跨国界的智慧和资源来解决。例如，在环境保护、能源开发、生物医学等领域，中外合作办学已经催生了众多的联合研究项目，并取得了显著的成果。这种合作模式不仅提升了研究的质量和水平，还加强了国际间的学术交流与合作。学者们通过共同研究，增进了对彼此文化和科研理念的了解，从而推动了学术的繁荣与进步。

（二）吸引国际学者进行交流

中外合作办学以其独特的魅力和优势，成功吸引了大量的国际学者参与教学和研究工作。这些学者往往在其他领域具有深厚的学术背景和丰富的实践经验，他们的加入无疑为合作办学项目注入了强大的动力。对于学生而言，这意味着他们有机会与国际学者进行直接的交流与学习。学生们可以在课堂上聆听大师们的教诲,参与他们的研究项目,甚至在他们的指导下完成学术论文或实验。这种与国际学者的亲密接触,不仅提升了学生的专业素养,还激发了他们的创新思维和研究热情。同时,这些国际学者的加入也促进了中外文化的交流与融合。他们在教学中融入自己的文化和经验,使学生们能够更全面地了解世界,拓宽国际视野。

(三)人才培养的国际化与跨文化交流能力的提升

中外合作办学在人才培养方面展现了其独特的优势。首先,这种合作模式显著提升了学生的专业技能。通过借鉴国外的教学方法和课程体系,合作办学项目为学生提供了与国际接轨的专业教育。学生们可以接触到最新的行业动态和技术发展,从而更好地适应未来的职业挑战。更重要的是,中外合作办学培养了学生的国际化思维和跨文化交流能力。在多元化的学习环境中,学生们需要与来自不同文化背景的同学和教师进行深入的交流与合作。这不仅锻炼了他们的语言能力,还培养了他们的文化敏感性和团队协作精神。这种国际化的教育模式为学生们日后在全球化的工作环境中竞争提供了有力的支持。他们能够更好地适应多元文化的工作环境,与不同国家的同事有效沟通与合作,从而在职场中脱颖而出。

三、促进教育质量的提升与国际竞争力的增强

(一)引进国际教育标准和质量保证体系

中外合作办学项目的一个重要特点就是引进国际教育标准和质量保证体系。这些标准和体系通常是由国际教育机构或专业组

织制定的,具有全球通用性和认可度。通过引进这些标准和体系,合作办学项目能够在课程设置、教学方法、评估方式等方面与国际接轨,从而提高教育质量和教学效果。具体来说,国际教育标准通常包括课程目标、教学内容、教学方法、评估方式等多个方面。合作办学项目会结合自身的实际情况,对这些标准进行本土化和创新性的应用。例如,一些合作办学项目会借鉴国外的课程设计理念和引进教学资源,结合国内的教学需求和学生特点,开发出更具针对性和实效性的课程。同时,质量保证体系的引进也为合作办学项目提供了持续改进和优化的动力。这些体系通常包括定期的教学质量评估、学生满意度调查、教师绩效评估等环节。通过这些评估和调查,合作办学项目能够及时发现教学和管理中存在的问题,并采取相应的改进措施,从而确保教学质量的持续提升。

(二)优化课程设置和教学方法

在引进国际教育标准和质量保证体系的基础上,中外合作办学项目还注重优化课程设置和教学方法。这些项目通常会根据国际教育的最新趋势和国内教育的实际需求,对课程设置进行全面的梳理和调整。一些合作办学项目非常注重实践和创新能力的培养。为了实现这一目标,它们会引入项目式学习、案例教学等先进的教学方法。这些方法强调学生的主动性和实践性,鼓励学生通过实际操作和团队合作来解决问题和完成任务。通过这种方式,学生不仅能够掌握扎实的专业知识,还能够培养其创新思维和实践能力。除了实践和创新能力的培养外,合作办学项目还注重培养学生的国际视野和跨文化交流能力。因此,合作办学项目在课程设置中会增加国际化元素,如开设国际文化、国际商务等课程,以及邀请外籍教师进行授课或举办讲座等。这些措施能够帮助学生更好地了解不同文化背景下的知识和观念,提高他们的国际竞争力。

(三)鼓励学生参与国际性的学术活动和比赛

中外合作办学项目还鼓励学生积极参与国际性的学术活动和比赛。这些活动和比赛通常具有国际影响力,能够为学生提供更广阔的舞台和更多的机会来展示自己的才华和成果。通过参与这些活动和比赛,学生能够接触到来自不同国家和地区的优秀学者和学生,了解他们的研究方法和成果,从而拓宽自己的学术视野和知识面。同时,参与国际性的学术活动和比赛还能够锻炼学生的组织能力、沟通能力和团队协作能力。这些能力在未来的职业发展中具有非常重要的意义。此外,取得好成绩还能够提升学生的自信心和荣誉感,激发他们的学习热情和进取心。

四、为师生提供更广阔的国际交流平台

(一)提供国际交流与学习机会

中外合作办学项目的核心优势之一,就是为国内师生提供了前所未有的国际交流与学习机会。通过这些项目,师生可以走出国门,到国外高校进行深度的学习交流。这种交流不仅仅是学术上的,更是文化、生活方式、思维方式等多方面的碰撞与融合。对于教师而言,这样的交流机会能够让他们接触到国外的教育理念和教学方法,从而改进自己的教学方式,提高教学质量。对于学生而言,这是一个极为宝贵的学习经历。他们可以在国外高校中直接体验不同的教育模式,与国外的同学共同学习、生活,更深入地了解国外的文化、社会和生活方式。

（二）拓宽视野与增长见识

通过中外合作办学项目走出国门的师生，无疑会大大拓宽自己的视野，增长见识。在国外的学习交流中，他们会遇到各种各样的人、事、物，这些都是在国内难以直接接触到的。这种拓宽的视野和增长的见识，不仅仅使师生对外部世界的了解更加深入，更重要的是对自身定位和思考方式的转变。师生们会开始从不同的文化、社会背景下去思考问题，这种多元化的思考方式对于培养具有国际视野的人才至关重要。此外，这种交流也有助于增强师生的跨文化沟通能力。在全球化的今天，这种能力已经成为高素质人才的必备技能。通过合作办学项目培养出来的人才，将更有可能在未来的国际舞台上发挥重要作用。

（三）培养高素质人才

国际竞争力不仅仅体现在学术上，更体现在跨文化交流、团队协作、创新思维等多方面。为了实现这一目标，合作办学项目通常会组织各种形式的国际实践活动，如国际实习、志愿服务等。这些活动让学生有机会在实践中体验不同的文化和工作方式，从而培养他们的国际视野和实践能力。例如，在国际实习中，学生可以直接参与到国外企业的日常运营中，了解国外的商业模式和工作方式；在志愿服务中，学生可以深入到国外的社区中，与当地人民亲密接触，了解他们的生活方式和价值观。这些实践活动不仅让学生获得了宝贵的国际经验，还让他们更加明确自己的职业规划和人生目标。通过这种合作办学项目培养出来的人才，将更有可能在未来的职业生涯中取得卓越的成就。

五、提升国内高校的国际影响力

(一)扩大国际知名度

中外合作办学项目通常与国外知名高校携手,这种合作本身就是对国内高校实力的一种肯定。通过与这些在国际上享有盛誉的高校展开合作,国内高校能够迅速提升自身的国际知名度。这种知名度的提升,不仅使得国内高校在全球教育领域的地位更加凸显,同时也为其吸引了更多的国际学生和学者。随着合作办学项目的深入进行,越来越多的国际学生和学者开始关注并选择这些国内高校作为他们学习和研究的目的地。他们的到来,不仅为校园增添了多元文化的色彩,也为国内高校带来了更多的国际交流和合作机会。

(二)促进教育理念和管理经验的交流

中外合作办学项目不仅仅是教育资源的简单融合,更是一种教育理念和管理经验的深度交流。这些教育理念和管理经验可以被直接应用到日常的教学和管理中,提升教育质量和办学效率。

(三)提升国际高等教育领域的影响力

一些合作办学项目在国际上取得了很高的声誉和认可度,这些项目的成功案例被广泛传播,为国内高校赢得了更多的国际合作机会和资源。随着国内高校在国际舞台上的活跃度越来越高,国内高校开始参与到更多的国际教育组织和项目中,与世界各地的高校展开更深层次的合作。这种广泛的国际合作,不仅增强了国内高校的国际影响力,也为其带来了更多的发展机遇和资源。

此外,中外合作办学项目还培养了大量的国际化人才,这些人才在国内外各个领域都取得了显著的成就。他们的成功,无疑是对国内高校教育质量的一种有力证明,也进一步提升了国内高校在国际上的声誉和影响力。

六、展望未来

(一)机遇:全球化与科技发展为中外合作办学带来新动力

全球化不仅拉近了国与国之间的距离,也使得教育资源、教育理念和教育方法的交流与融合成为可能。在这样的背景下,中外合作办学获得了空前的发展机遇。国外的教育理念、教学方法和教育资源可以通过合作办学项目被快速引入国内,与国内的教育实践相结合,从而推动教育质量的整体提升。同时,科技的快速发展,尤其是人工智能、大数据等新技术在教育领域的应用,为中外合作办学提供了更多的创新空间。例如,利用大数据技术分析学生的学习行为和习惯,可以更加精准地制定个性化的教学方案;通过人工智能技术,可以实现远程教学和实时互动,打破地域和时间的限制,让优质教育资源得以更广泛的共享。

(二)挑战与应对:师资队伍的国际化培训与学生的全面发展

机遇总是与挑战并存。随着中外合作办学的深入发展,对师资队伍的国际化水平和学生的综合素质提出了更高的要求。为了应对这些挑战,中外合作办学项目需要更加注重师资队伍的国际化培训。这包括定期组织教师到国外高校进行学术交流、教学观摩和专业技能培训,以及邀请国外专家来国内进行指导和教学。这些措施,不仅可以拓宽教师的国际化视野和提升其教学水平,还可以促进中外教育理念和教学方法的深度融合。同时,中外合作办学还需要更加注重学生的全面发展。这包括提供多元化的课程选择、实践机会和社团活动,以培养学生的创新思维、团队协作能力和社会责任感。此外,还需要增加学生的国际交流机会,让他们能够更深入地了解不同文化,以提升跨文化交流能力。

(三)未来展望:中外合作办学推动高等教育国际化与全球教育交流合作

展望未来,中外合作办学将成为推动高等教育国际化的重要力量。随着更多的国内高校与国外高校建立合作关系,共同探索新的教育模式和方法,我们可以期待这种合作模式将培养出更多具有国际视野和竞争力的高素质人才。这些人才将为我国的经济社会发展做出更大的贡献,成为推动社会进步的重要力量。同时,中外合作办学也将成为推动全球教育交流与合作的重要桥梁和纽带。通过合作办学项目,国内外高校可以更加紧密地联系在一起,共同分享教育资源、教育理念和教学方法。这种交流与合作不仅有助于提升各自的教育质量,还可以推动全球教育的均衡发展,让更多的人享受到优质的教育资源。

参 考 文 献

[1]郭莉,吕婧玮,刘鲁骥. 正本与发展:多维视角下审视中外合作
    办学 [J]. 长春工程学院学报(社会科学版), 2024, 25 (01):
    49-54.

[2]张云娇. 渐进主义视角下上海中外合作办学政策与实践的演
    进路径及展望 [J]. 教育国际交流, 2024, (02): 47-51.

[3]程丽,于跃,鄢红. 利用中外合作办学优势促进学生创新创业
    能力发展 [J]. 北京教育(高教), 2024, (03): 37-38.

[4]张红,程丽,李齐方. 以虚拟教研室推进中外合作办学教师队
    伍建设的初步探讨 [J]. 北京教育(高教), 2024, (03): 39-40.

[5]李齐方,张红,王永生. 办好新时代中外合作办学项目推进国
    际化人才培养 [J]. 北京教育(高教), 2024, (03): 34-36.

[6]唐玉兔,丁杰. 中外合作办学高校的教师质量发展分析 [J].
    哈尔滨职业技术学院学报, 2024, (01): 95-98.

[7]娄玉英,钱祺,李丰鹏,等. 新时代国际化办学发展路径探究
    [J]. 沈阳工程学院学报(社会科学版), 2024, 20 (01): 94-97.

[8]陈思婧,柴艳,肖京杭. 中外合作交流下理工科大学生中国文
    化自信建立新途径 [J]. 大学, 2024, (01): 121-124.

[9]乔法光,唐宏敏. 浅析中外合作办学大学生就业胜任力提升
    [J]. 就业与保障, 2023, (12): 13-15.

[10]侯玉杰. 深化产教融合,探索中外合作办学人才培养新模式

[J]. 公关世界, 2023, (23): 64-66.

[11] 杨立力, 张平. 中外合作办学高质量发展面临问题及解决策略 [J]. 南京开放大学学报, 2023, (04): 61-65.

[12] 董晓梅, 吴文英, 孙恩昌. 中外合作办学促进高校国际化人才培养的路径 [J]. 未来与发展, 2023, 47 (12): 75-78.

[13] 李芳, 辛俊勃, 施秦, 等. 中外合作办学背景下国际化师资队伍建设路径研究 [J]. 科学咨询(科技·管理), 2023, (12): 187-189.

[14] 杨清琳, 刘韧, 王昊, 等. 中外合作办学学生出国与就业问题研究 [J]. 公关世界, 2023, (22): 123-125.

[15] 杨富国, 陆冠尧, 陈忻, 等. 地方本科高校中外合作办学人才培养模式的探讨 [J]. 科技风, 2023, (32): 25-27.

[16] 张永利, 金骏鹏, 徐颂, 等. 高等院校中外合作办学存在的问题与对策 [J]. 佛山科学技术学院学报(自然科学版), 2023, 41 (06): 6-10.

[17] 关媛, 刘晓欢. 新时代背景下高校中外合作办学项目校院两级教学管理创新与探索 [J]. 中国多媒体与网络教学学报(上旬刊), 2023, (09): 58-61.

[18] 邓琳梓, 吕晨. 中外合作办学现状及其教学改革路径研究 [J]. 湖北开放职业学院学报, 2023, 36 (15): 33-35.

[19] 赵新光, 王仲, 张磊, 等. 中外合作办学人才培养机制的创新探讨 [J]. 辽宁科技学院学报, 2023, 25 (04): 57-59.

[20] 牛淼淼, 郭春生. 中外合作办学项目教学管理服务质量提升探究 [J]. 科教导刊, 2023, (22): 4-6.

[21] 陈阳, 贾鹏蛟, 程诚. 中外合作办学线上线下混合教学模式研究 [J]. 黑龙江教育(高教研究与评估), 2023, (08): 49-51.

[22]徐巧月. 中外合作办学模式与发展对策探讨 [J]. 福建轻纺,
2023,（01）：49-51.

[23]朱玥霖. 国际合作办学模式下中外教师的融合路径研究
[J]. 产业与科技论坛, 2022, 21（12）：254-255.

[24]孙磊,赵佳颖,云兵兵. 合作办学模式下中外教师的责权内涵
与协作机制 [J]. 现代商贸工业, 2022, 43（09）：55-57.

[25]谭鸿予,孙萍,张亚楠,等. 中外合作办学模式下高校"三全育
人"协同机制优化探析 [J]. 高等建筑教育, 2022, 31（01）：
202-211.

[26]张存钊,刘亚楠. 中外合作办学模式下学生思想政治素养提
升策略研究 [J]. 西部学刊, 2022,（01）：154-158.

[27]张家豪,刘勇. 非独立法人中外合作办学机构办学模式研究
[J]. 中国多媒体与网络教学学报(上旬刊), 2022,（01）：
113-116.

[28]鞠可一. "一带一路"倡议下中外合作办学模式创新研究
[J]. 教育教学论坛, 2021,（46）：29-32.

[29]刘杰,蒋伟. 中外合作办学人才培养质量保障措施的探讨
[J]. 教育教学论坛, 2021,（46）：157-160.

[30]周健. 利益相关者视阈下提高合作办学校友认同感的路径研
究 [J]. 英语广场, 2021,（29）：82-86.